Frauen über 50

Dieses Buch widme ich allen Frauen meiner Generation

Lustvoll und sinnlich
muß es sein ...

FRAUEN
ÜBER 50

Ute Karen Seggelke

Gerstenberg Verlag

Danksagung

Dank sage ich Jacob Claussen-Seggelke,
der dieses Buch ermöglicht hat, dem Gerstenberg Verlag,
insbesondere Nicola T. Stuart,
die voller Engagement mein Projekt auch zu ihrem gemacht hat.

Ich danke der Autorin Nina Jäckle, die mir bei einigen Texten geholfen hat.

Tief dankbar bin ich den Frauen dieses Buches,
mit denen ich wunderbare Begegnungen hatte
und die sich mir und
meiner Kamera anvertraut haben.

Die Deutsche Bibliothek – CIP-Einheitsaufnahme
Seggelke, Ute Karen: Frauen über 50 : lustvoll und sinnlich muß er sein ... /
Ute Karen Seggelke. – Hildesheim : Gerstenberg, 1999
ISBN 3-8067-2505-5

3. Auflage 2000

Copyright © 1999 Gerstenberg Verlag, Hildesheim
Alle Rechte vorbehalten
Gestaltung: Kirsten Schreier, Hamburg
Satz aus der Walbaum
bei Fotosatz Ressemann, Hochstadt
Druck bei LEGO, Vicenza
Printed in Italy
ISBN 3-8067-2505-5

Inhalt

DAGMAR BERGHOFF
Auf der Bühne lachen, weinen, schreien 9

SENTA BERGER
Dieses Trotzdem wird ab Fünfzig immer wichtiger: das Leben zu lieben 17

GRÄFIN SONJA BERNADOTTE
Prioritäten setzen und konsequent sein 31

SABINE BÜTTNER
Es kommt, wie es kommen muß 41

BERTI VON DER DAMERAU
Sinnlich und lustvoll muß es sein 49

KARIN DARGER
Zukunftsangst habe ich keine, dazu sind wir Frauen zu stark 57

GERDA DASSING
Ich liebe den Montag, weil es da beginnt 65

MARILA DENECKE
Ich habe mich immer als Freifrau gefühlt, weil ich nicht berufstätig sein mußte 75

INHALT

EVA MARIA HAGEN

Das Leben macht sowieso, was es will 83

ANNE HAUSNER

Die Vergangenheit wird immer neben mir sein 93

RENATA JÄCKLE

Ich bin ein Morgenmensch 103

DOMENICA NIEHOFF

Nicht heute suchen, morgen finden 111

ERIKA PLUHAR

Leben heißt, das, was mich selbst ausmacht, in Bezug zu setzen

zu dem, was mich umgibt 123

ANGELA W. RÖDERS

Heute sage ich mir: Es ist gut genug 131

SCHWESTER MARIA THEOPHILA RUDOLPH

Gott ist der Mittelpunkt meines Lebens 139

HEIDRUN SCHABERG-BEREZNICKI

Meine Wahrheit ist zumutbar 149

KÄTHE SCHMIDT

Erst mal Käthe fragen ... 161

RENATE SCHMIDT

Versuchmershaltmal, dachte ich 169

INHALT

MAREN SELL

Ich habe das Glück, zu lieben, was ich tue 177

CORNELIE SONNTAG-WOLGAST

Unsere Generation wurde von den Zeitläufen begünstigt 189

GISELA TEMPLIN

Ich genieße die Freiheit, aber sie hat einen hohen Preis 199

MARGARETHE VON TROTTA

Leidenschaftlich und dennoch geduldig 207

LENA VANDREY

Unsere Generation ist wie ein Weißbuch,

denn man weiß nichts über uns 219

URSULA WAGNER

Das Meer tanzt mich, und ich tanze das Meer 229

INGEBORG WALTER

Das Älterwerden betrachte ich mit einer melancholischen Heiterkeit 239

ULLA WARNHOLTZ

Unkraut jäten in Schweden ... 247

UTE KAREN SEGGELKE

Diese unglaubliche Mischung aus kreativer Unruhe

und ruhiger Erfahrung 255

VITAE *261*

Dagmar Berghoff
Moderatorin, Jahrgang 1943

Auf der Bühne lachen, weinen, schreien

Seit meinem neunzehnten Lebensjahr habe ich für mich selbst gesorgt, das heißt ich mußte meinen Lebensunterhalt verdienen: ob nach dem Abitur, als Au-pair-Mädchen im Ausland, oder während des Schauspielstudiums, als Postbotin, Fabrikarbeiterin, Bardame und Abwaschfrau im Bahnhof. Dabei habe ich sowohl gelernt, für ein Ziel durchzuhalten als auch mit sehr wenig Geld auszukommen. Während dieser Tätigkeiten habe ich dazu viele, sehr unterschiedliche Menschen und Schicksale kennengelernt und festgestellt: Es ist nicht wichtig, zu welcher Position es jemand gebracht hat, wichtig allein ist, wie er sich als Mensch verhält.

Ich war ein schüchternes, romantisches, junges Mädchen, das sich in langen Spaziergängen fragte, ob es Begabung dazu habe, Schauspielerin zu werden. Ich hätte in der Schule so oft gerne Gedichte aufgesagt, aber ich traute mich nicht. Ich habe meinen Finger immer nur halb gehoben, zaghaft, damit man ihn dann doch nicht bemerkte und war dann wiederum traurig, wenn man meinen gehobenen Finger übersah. Daß ich, bei meiner Schüchternheit, unbedingt Schauspielerin werden wollte, ist schon seltsam. Auf der Bühne zu lachen und zu weinen und zu schreien, eben aus sich herauszugehen, das hätte ich damals gar nicht gekonnt. Vielleicht hat mich gerade dieser krasse Gegensatz fasziniert. Mittlerweile akzeptiere ich, daß vieles gut ist, was ich mache, ich bin sicherer geworden. Ich wollte immer alles noch besser machen. Das ist jetzt nicht mehr so, ich erkenne heute meine Qualitäten an und sie reichen mir aus. Und weil das so ist, weil ich durch dieses innere Gefühl etwas wie Stabilität und Sicherheit ausstrahle, öffnen sich mir Menschen jeden Alters mehr und mehr. Viele Menschen kommen auf mich zu und möchten ihre Probleme mit mir besprechen. Ich denke, sie haben Vertrauen zu mir, weil auch ich Selbstvertrauen habe.

Als ich sieben war, starb meine Mutter, und wir haben ohne Mutter gelebt, bis ich dreizehn wurde. Mein Vater war nur mittwochs und am Wochenende zu Hause. Wir hatten eine Haushälterin, Tante Grete, eine herzensgute Frau, der wir Kinder natürlich auf der Nase herumtanzten. Mein Bruder und ich sind relativ wild aufgewachsen in diesen sechs nahezu elternlosen Jahren. Eine prägende Mutterbeziehung habe ich also nicht erfahren, und keine ist sicherlich auch eine. Meine Stiefmutter, die dann in die Familie kam, ist eher eine Freundin geworden. Wenn ich Kinder gehabt hätte, wäre mein Leben sicher anders verlaufen. Ich hätte nicht gewollt, daß meine Kinder mit einer Tagesmutter aufwachsen. Ich hätte gerne Zwillinge gehabt, zwei Mädchen, ich wollte selbst immer eine Zwillingsschwester haben.

Abschied von meiner Jugend habe ich bis jetzt noch nicht genommen, das Lebensalter hat überhaupt nichts zu tun mit dem inneren Alter. Ich kann heute noch Quatsch machen wie eine Zwanzigjährige; der Vorteil des Älterwerdens ist, daß man sich wirklich auf sich selbst verlassen kann, ohne dabei die Neugierde der Jugend verloren zu haben. Ich habe schon Angst vor dem Älterwerden, vor Krankheiten, vor den Dingen eben, die mit dem körperlichen Altern zu tun haben. Ich denke manchmal: Jetzt müßte die Zeit

Dagmar Berghoff

stehen bleiben! Aber das habe ich auch schon vor zehn Jahren gedacht, ohne zu wissen, daß sich alles positiv intensivieren würde. Ich fühle mich heute viel besser in meinem Leben aufgehoben als vor zehn Jahren. Ich werde sechzig sein und auch siebzig, das ist man ja ganz plötzlich, und andere Werte werden das Leben lebenswert machen. Werte, die ich jetzt vielleicht noch gar nicht erkenne.

Für das Altwerden haben mein Mann und ich schon einen Plan. Wir werden mit Freunden einen Alterswohnsitz kaufen, ein großes Haus, in dem jeder seinen eigenen Bereich hat. Niemand müßte dann in ein Heim, man würde gemeinsam alt werden. Wir würden alle unser Geld zusammenlegen, egal ob der eine mehr und der andere weniger hat, und dann müßte man Leute engagieren, die uns im Haushalt, wenn nötig auch medizinisch helfen können. Und wenn jemand von uns stirbt, vermacht diese Person den Rest ihres Geldes an die Gemeinschaft, und der letzte kann damit machen was er will. Sie ist tröstlich, diese Vorstellung. Das Alter kann dann nicht ganz so schlimm werden, einsam wird also niemand von uns sein. Aber dennoch macht mir das Alter auch Angst, ich denke, es macht jedem Angst. Mein fünfzigster Geburtstag war furchtbar, ich fühlte mich plötzlich durch diese Zahl sehr viel älter, obwohl ich mich innerlich ganz anders fühlte, das ist diese schreckliche Diskrepanz. Der fünfundsechzigste Geburtstag wird sicher auch schlimm werden, ab da ist man dann die ›ältere Dame‹ – bis dahin ist man noch in einem Flirtalter und wird beflirtet, aber ab fünfundsechzig rutscht man auf die Seite der geschlechtslosen Dame. Erschreckend!

Ich bin kein Mensch, der gern alleine lebt. Dennoch würde ich nicht in einer Partnerschaft leben wollen, die nicht wirklich für mich gemacht ist. Ich finde, die Kompromisse, die in jeder Beziehung gemacht werden müssen, darf man nicht wirklich merken. Ich bin kein geborener Single, das war ich nie. Mein Mann braucht mich, und ich brauche ihn, und das zu wissen tut gut. Es hat lange genug gedauert, bis ich einen Menschen wie ihn gefunden habe, mit dem eine so optimale Beziehung möglich ist. Freunde sind mir, wie jedem Menschen, sehr, sehr wichtig. Ich habe viele homosexuelle Freunde, mit denen ich gerne zusammen bin; es sind sehr sensible Menschen, die gelernt haben, innerhalb unserer Gesellschaft zu sich selbst zu stehen. Und ich habe eine sehr gute,

sehr enge Freundin. Wir verreisen einmal im Jahr für eine Woche, nur wir beide. Mit ihr bespreche ich alles.

Zwischen Männern und Frauen gibt es natürlich Unterschiede. Eine verliebte Frau, zum Beispiel, tut alles, was sie so im Alltag erledigen muß, als verliebte Frau. Die Männer hingegen haben ein seltsames Ablagesystem: Sie haben verschiedene Schubladen für Sport, Beruf, Liebe, Familie, und sie können sich immer nur auf eine Schublade konzentrieren. Frauen hingegen sehen immer das Ganze und fühlen auch das Ganze.

Geprägt haben mich die Nachkriegsjahre. Wie es ist, wenn plötzlich nichts zu essen mehr da ist, oder eben nur Steckrüben, nein, das vergißt man nie. Sein Leben vergißt man nicht. Brot schmeiße ich nicht weg, auch wenn es hart wird. Wenn ich heute verarmen würde, ich glaube, ich würde zurechtkommen; die Nachkriegsjahre haben mich gelehrt, mit wenig durchzukommen. Diese Erfahrung fehlt der heutigen Jugend. Gottseidank, natürlich, aber sie fehlt. Wenn wir zu Weihnachten Handschuhe bekamen und vielleicht noch ein Buch dazu, dann war das schon richtig toll ...

Über den Tod denke ich nicht nach. Nicht über meinen eigenen, nicht über den meines Mannes. Das verdränge ich. Mein Vater ist vor acht Jahren gestorben, er hatte einen Herzschlag, es ging also schnell. Das war natürlich eine furchtbar traurige Zeit. Als meine Mutter starb, war das Schrecklichste für mich, daß mein Vater so bitterlich weinte, aber ich war ja erst sieben Jahre alt und wußte von der Bedeutung des Todes nichts oder nur wenig. Wenn ich daran denke, wie es ist, wenn ich tot bin, dann finde ich es fast ärgerlich, daß ich nicht mehr mitkriegen werde, wie das Leben der anderen weitergeht, das Leben derer, die ich liebe. Und ich wüßte gerne, was wohl die Zeitungen schreiben würden.

Senta Berger
Schauspielerin, Jahrgang 1941

*Dieses Trotzdem wird ab Fünfzig immer wichtiger:
das Leben zu lieben*

Die Zerrissenheit meines Vaters. Der Glaube ans Leben meiner Mutter. Die Nachkriegsjahre. Wien. Die Stadt. Seine Architektur. Seine Geschichte. Die mitteleuropäische Literatur und Musik. Wien hat ein Geheimnis. Meine Reisen. Mein Mut dazu. Die fremden Sprachen, die ich gelernt habe. Die fremden Menschen, die mir vertraut wurden, die mir nahekamen. Die Lust zu lieben, die Lust Kinder zu haben, die Lust mit der ich den Wechsel der Jahreszeiten genieße. Je mehr ich weiß, desto mehr weiß ich, daß ich nichts weiß.

Mein Lebensgefühl ist sehr widersprüchlich, und das finde ich auch gut so. Ich finde es merkwürdig und wenig glaubhaft, ungebrochen froh, ungebrochen glücklich oder ungebrochen unglücklich zu sein. Wenn man ungebrochen heiter ist, wie ich es einmal war, hat es auch damit zu tun, daß man noch nicht viel erfahren hat. Mein Mut und mein strotzendes Lebensgefühl kamen sicherlich aus dieser Unwissenheit. Ich fühlte mich stark. Aber wenn das heute so wäre, täte ich mir leid. Wer ab einem gewissen erwachsenen Alter keine Selbstzweifel hat, ist mir unheimlich. Alles, was ich bewußt erfahre, verändert mich natürlich. Morgen bin ich eine andere als heute. Und heute eine andere als gestern. Das Naturell kann nicht das einer sechzehnjährigen bleiben und auch nicht das einer sechsunddreißigjährigen. In Filmen über ältere Menschen sind alle immer unglaublich gut aufgelegt und lachen viel, um zu zeigen, wie gut es ihnen geht. Das tut mir richtig weh, denn ich spüre die Anstrengung dahinter, nur ja jugendlich zu wirken, um in dieser Gesellschaft noch mitspielen zu können. Der Jugendkult in unserer Zeit hat zu ungekannten Zwängen geführt. Zu Zwangsneurosen. Älterwerden bedeutet ja nicht, daß man deshalb resigniert aufgibt. Es bedeutet, daß man das Leben erfahren hat und neugierig bleibt auf den Rest des Lebens.

Mein Glaube an das Leben ist so: Etwas bricht auf, es blüht und entfaltet sich, wird müder, vergeht und wird wieder zu Erde. Das finde ich sehr schön und sinnvoll. Was man in dieser schrecklich kurzen, beängstigend kurzen Zeit macht, darauf kommt es an, darin liegt der Sinn. Und weil ich als Kind sehr viel Wärme und Zuwendung und Herzlichkeit empfangen habe, fällt es mir leicht, meinen Kindern das weiterzugeben. Darin sehe ich bereits einen Sinn. Meinen Kindern und Freunden nahezubleiben, gegenwärtig, in Gedanken und Erinnerungen – vielleicht sogar als Lebenskraft, noch lange nach meinem Tod –, das sehe ich als schönen Sinn des Lebens. Meine eigene Bequemlichkeit oder Ängstlichkeit zu überwinden, gegen Engstirnigkeit anzukämpfen, gegen Fanatismus, Fatalismus. Das ist sinnvoll. Die Anderen, Andersartigen verstehen lernen, weil man lernt, sich selbst zu verstehen. Das ist der Sinn des Lebens. Von Wittgenstein gibt es den schönen Satz: Der Sinn des Lebens ist der Sinn des Lebens. Die einzige Verpflichtung, die man dem Leben gegenüber auf sich nimmt, ist, das Leben zu lieben und glücklich zu sein. Das ist das Schwierigste überhaupt, darum kämpft man sein Leben lang. Das wäre die tiefste Religiosität, die Wittgenstein sich vorstellen kann: glücklich zu sein. Das ist ein sehr, sehr

SENTA BERGER

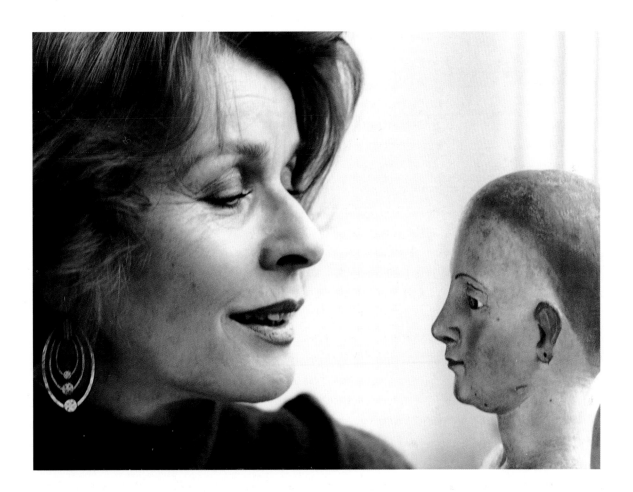

schöner Gedanke. Besonders, wenn man weiß, wie schwer Wittgenstein das Leben gefallen ist. Trotz allem hat er es als eine moralische Maxime gesehen, und dieses Trotzdem wird ab Fünfzig immer wichtiger, nämlich das Leben zu lieben.

Eine Wunschlebensform ist sicherlich von vielen Egoismen bestimmt. Was ich mir manchesmal wünsche, ist, einfach spontan wegzufahren, etwas ganz anderes zu erleben als hier in Mitteleuropa. Dabei ist mein Leben schon so bunt. Aber vielleicht ist es zu bunt, zu zerrissen. Ich habe manchmal das Gefühl, nicht zu genügen, nicht der Familie, dem Alltag und auch mir selbst nicht. Dieses Gefühl des Unzufriedenseins ist natürlich auch ein Motor und treibt an. Ich habe genügend Humor, um darüber lachen zu können. Es gibt ein sehr schönes englisches Sprichwort, das heißt: You can't have the cake and eat it. Das bedeutet, daß es eine Wunschlebensform eben nicht gibt, sondern daß man sich entscheiden muß. Dieses spontane Wegfahren hat zu tun mit sich loslösen von alltäglichen Zwängen. Andererseits ist es sicherlich auch eine große Kraft, die mir aus dem Alltäglichen, aus der ganz normalen Beanspruchung einer Frau und Mutter mit Beruf, zuwächst. Also wäre meine Wunschlebensform eigentlich die, beizubehalten wie ich lebe und dazu ein bißchen mehr Raum für mich zu haben.

Ich habe in meinem ganzen Leben nicht eine Woche lang alleine gelebt. Ich war seit meinen allerfrühesten Mädchentagen in einem sehr schönen, sehr jugendlichen, fast kindlichen Freundschaftsverhältnis, und nach dieser ersten, wirklich großen Liebe, kam schon die Liebe zu meinem Mann. Seit meinem zweiundzwanzigsten Lebensjahr lebe ich zu zweit. Auch, wenn ich häufig lange alleine bin, bedeutet es eben nicht, daß ich alleine lebe, sondern daß ich alleine bei Dreharbeiten, alleine in einem Hotelzimmer bin. Und das kann man ja sehr gut, wenn man weiß, daß man eigentlich zu zweit ist. Ich kann mir keine andere Lebensform vorstellen als die mit meinem Mann. Diese Basis zu haben und in dieses Zuhause zurückkehren zu können, gibt mir den Mut und die Kraft, in der Öffentlichkeit zu arbeiten. Ich glaube, es würde gar nicht funktionieren, wenn ich nicht den Rückhalt bei meinen Freunden und in meiner Familie hätte.

Der Beruf ist mir erst richtig wichtig geworden, als ich in Amerika war. Da war ich immer noch sehr jung, aber vorher war alles mehr spielerisch, unbewußt. Bevor ich nach Amerika ging, hatte ich ernsthaft erwogen, aufzuhören mit der Schauspielerei. Es ging so ein bißchen Hand in Hand, diese Entwicklung: das Kennenlernen mit Michael, meine Entmutigung damals im deutschen Film, meine Überlegung, Theaterwissenschaften zu studieren. Dann kam 1963 das erste Angebot aus Amerika. Das wollte ich ausprobieren. Dort habe ich dann gesehen, daß die Schauspielerei wirklich ein Beruf ist und sehr ernst genommen wird. In Deutschland und Österreich hatte es ja etwas Unseriöses, es hieß: Sie verließ das Theater, um Filme zu machen. So quasi als moralische Ohrfeige. Das war in Amerika ganz anders. Ich habe viel gelernt in den sieben Jahren, die ich dort gearbeitet habe. Ich habe mich sehr ernst genommen gefühlt, fast ein bißchen zu ernst. Damit hatte ich gar nicht gerechnet, daß man auf seinen Schultern auch den Erfolg des Films trägt. Und daß man sich dem Produkt auch verpflichtet fühlen muß. Auf jeden Fall ist mir diese Art von Professionalismus in Amerika sehr früh vorgelebt worden. Ich hatte gar keine Wahl, mich aus der Verantwortung zu ziehen. Und es macht mir auch Spaß, mein Handwerk zu können und dann das, was ich gemacht habe, auch nach außen zu vertreten.

Dieser Beruf ist ein Paradoxum. Er geht mitten durch unser Leben. Wir legen ihn nie ab. In unserem Fall sowieso schon nicht, denn Michael und ich sind ja zwei in diesem Beruf arbeitende Künstler. Man hat nicht diese Distanz wie andere in bürgerlichen Berufen arbeitende Menschen, die nach Hause kommen und sich dann mit dem beschäftigen, was sie wirklich interessiert. Wenn man mich nach meinem Hobby fragt, muß ich lachen, denn Hobbys haben ja nur Menschen, die unausgefüllt in ihrem Beruf sind. Alles, was ich tue, auch, wenn ich nicht direkt im Studio arbeite, hat immer noch mit dem Beruf zu tun: schauen, sehen, beobachten, lesen, Musik hören, das Aufspüren von Stimmungen.

Frausein in unserer Generation bedeutet für mich, daß ich denke, wirklich großes Glück zu haben. Daß wir alle großes Glück haben, die wir im Krieg geboren sind. Bitte verstehen Sie mich richtig. Es war außergewöhnlich, in einer Zeit aufzuwachsen, in der man so deutlich die kleinste Verbesserung als eine Wohltat empfand. Das erste Federbett meines Lebens, das war ein solches Glücksgefühl, da war ich vielleicht zwölf. Dieses Gefühl habe ich immer noch, wenn ich in ein frisch bezogenes Bett steige, die Fenster weit offen sind, und ich die Vögel noch singen höre in einer Sommernacht, das führt mich direkt zurück in diese Kindheitssituation. Und später dieses Aufblühen, erst das wirtschaftliche und dann das geistige, das habe ich alles ganz bewußt erlebt. Es war eine Zeit, in der nicht nur ich, sondern meine Umwelt und meine Generation sehr bewußt gedacht haben: Das liegt jetzt alles hinter uns. Gott sei Dank waren wir damals noch nicht groß. Wir haben uns nichts vorzuwerfen. Aber wir sollten wissen, daß wir eine große Verantwortung haben, wenn wir als Deutsche oder Österreicher im Ausland sind. Mein Leben hat es reicher gemacht, daß ich mich dieser Identität gestellt habe. Solange in den Schulbüchern Israels, Hollands und Schwedens diese Kapitel über Deutschland stehen, so lange werden sich auch unsere Kinder damit beschäftigen müssen, ob sie wollen oder nicht. Aber ich denke, dieses Glücksgefühl einer unschuldigen Generation, die sich dann doch so weit schuldig gefühlt hat, daß sie angefangen hat zu fragen, das war doch ein wunderbarer Prozeß, den ich sehr, sehr bewußt erlebt habe und der sehr lange in mir weiter geklungen hat. Wenn ich mich zurückerinnere an dieses Lebensgefühl der sechziger und siebziger Jahre, hatte das sehr viel mit Aufbruch zu tun. Mit einem gewissen Anspruch an sich selbst, den man dann auf die Gesellschaft übertragen hat. Das ist heute alles sehr viel schwerer geworden.

Beim Stichwort männlicher Mensch und weiblicher Mensch denke ich sofort an meine Söhne. Natürlich sind das männliche Wesen, und daran läßt sich auch gar nichts ändern. Es gibt einige Unterschiede, von denen ich gemeint habe, sie lägen an einer bestimmten Art von Erziehung. Das stimmt aber absolut nicht. Das liegt am Mann. Und es war gar nicht immer so einfach für mich, das zu akzeptieren. Ich habe nicht leiden müssen durch Männer oder männliche Hierarchien. Am Theater waren die Frauen durchaus gleichberechtigt. Weder hatten sie eine geringere Gage als der männliche Protagonist, noch haben sie sich auf der Bühne bei der Arbeit mit dem Regisseur mehr zurückgehalten. Allerdings saßen damals ganz bestimmt in allen wichtigen Positionen Männer. Vom Direktor eines Theaters angefangen bis zu den Regisseuren und später zu den Filmproduzenten oder Filmregisseuren. Und Macht wird mißbraucht. Das ist heute ganz genau so. Der Mensch ist nicht gut, und er ist auch nicht besser geworden. Jetzt sitzen sehr oft in den Positionen eben Frauen, die ihre Macht auch mißbrauchen. Viele Frauen, die ich kenne, haben unter den Entmutigungen gelitten, die ihnen von ihren Männern zugefügt worden sind. Ich kann mir das nur theoretisch vorstellen. Ich bin von meinem Mann immer sehr ermutigt worden. Vielleicht konnte ich deshalb die merkwürdigen Situationen, in denen ich ja doch immer wieder als Schauspielerin war und bin, mit sehr viel Humor nehmen, ohne darin eine besondere Herabwürdigung meines Frauseins zu empfinden.

Ich war ein besonders schönes, lebhaftes, junges Mädchen und ich nehme an, daß ich viele Regungen geweckt habe. Das hat mir nicht besonderen Eindruck gemacht. Ich habe nie das Gefühl gehabt, daß mich das demütigt. Sexualität unter Menschen ist eben so, es kommt nur auf deine eigene Haltung an. Trotzdem: Ein paar Mal bin ich in solchen Situationen richtig beleidigt worden. In Hollywood. Und jedesmal wurden die Komplimente für meine Schönheit mit den übelsten Beschimpfungen über meine Nazi-Nationalität als Österreicherin und Unterstellungen des vermeintlichen Antisemitismus in meiner Familie verbunden, die so ungerecht mir gegenüber waren wie meinen jüdischen Freunden, die mich über solchen Revanchismus und Rassismus trösteten.

Ich denke, daß es nicht sinnvoll ist, sich gegen einen Mann oder gegen etwas zu emanzipieren, sondern daß es doch nur sinnvoll sein kann, sich mit jemandem zu emanzipieren. Aber ich weiß, daß Frauengruppen notwendig waren für den Aufbruch, um sich gegenseitig Mut zu machen. Wir reden immer über große utopische Veränderungen in der Gesellschaft, aber es geht eigentlich um den ganz kleinen Mut, um die ganz kleine Zivilcourage. Und wenn ich das durch meine Arbeit ermutigt habe oder einen Gedankengang, der schon da ist, bestätigen kann, dann finde ich das interessant.

Es ist sehr schwer für mich, Freundschaften zu pflegen, ich bin eigentlich eine schlechte Freundin. Die Energie, die mir zur Verfügung gestanden hat in all den Jahren, seitdem ich Kinder habe, war mit dem Beruf und den Reisen, die dazu gehörten und damit, daß der Haushalt weiter lief wie ein kleines Uhrwerk, erschöpft. Außerdem bin ich sehr früh die Senta Berger geworden, nur mit ganz wenigen Frauen kann ich mich wirklich unbefangen unterhalten, weil ich mich nicht rechtfertigen muß, oder darum kämpfen muß, daß sie mich kennenlernen. Ich muß nichts beweisen, muß nicht sagen: Aber schau, ich bin ganz normal. Es gibt eine Handvoll Frauen, die mich so kennen und ich denke, man braucht auch nicht mehr. Und dann habe ich noch zwei sehr gute männliche Freunde, ohne die ich wirklich nicht sein will. Mit beiden habe ich ein freundschaftliches Verhältnis, das kann mir mein Mann nicht bieten. Sie konzentrieren sich wirklich auf mich, wenn wir zusammen sind, sie haben immer Zeit für mich, auch stundenlang am Telefon, und sie suchen auch bei mir etwas, was sie wiederum mit ihren Frauen nicht haben. Und das ist wunderbar. Das möchte ich nicht missen.

Meine Ehe geht so wie das Leben selbst. Sie ist natürlich nicht immer leicht. Es gibt dieses schöne Beispiel der Wellen und der Täler. So ist es auch in der Beziehung. Das Schwierige ist, daß die Wellentäler und dieses Wieder-Hinaufgetragen-Werden nicht bei beiden gleichzeitig ist, sondern daß diese unterschiedliche Lebensstimmung uns sehr weit auseinander tragen kann. Man muß ganz ehrlich mit sich sein. Es ist leicht, zu sagen, mein Geliebter oder mein Ehemann ist schuld. Er sieht meine Nöte nicht. Und guck mal, wie gut aufgelegt er ist. Meine Mutter sagte immer: Schmerz kann man nicht teilen, Glück schon. Das ist so ein alter weiser Satz. Und vielleicht hat sie gar nicht unrecht. Natürlich, Freude und ein überschäumendes Lebensgefühl, das teilt sich leichter. Schwieriger wird es, wenn du dich nicht zu erkennen gibst, sondern darauf wartest, daß der andere sieht und tröstet und hilft. Je länger ich mit meinem Mann zusammenlebe, desto mehr verschließe ich mich. Mit den Jahren wächst mir das bestimmte Maß zu, wieviel kann und darf ich meinem Partner zumuten, was muß ich mit mir alleine ausmachen. Man wird erwachsen. Wirklich schön ist, daß über allem dieses Gefühl füreinander steht. Sicher habe ich meinem Mann früher mehr zugemutet und ihn viel mehr teilnehmen lassen an meinen jeweiligen Stimmungen. Ich weiß, daß er mir auch heute zuhörte. Er würde mir natürlich helfen und Antworten finden, das kann er wunderbar. Aber ich sehe, daß er selbst sehr mit sich beschäftigt ist. Und ich respektiere das. Ich bin sehr stark an die Kinder gebunden und durch sie auch an eine Zukunft, die ich neugierig erwarte: Was werden sie machen? Werden sie glücklich sein? Ich habe zwar, wenn ich daran denke, daß ich in dreizehn Jahren siebzig bin, so eine leichte Gänsehaut, und es flößt mir Schrecken ein, doch bei Männern ist das noch anders. Die Spuren, die sie hinterlassen wollen, haben sehr stark mit ihnen selbst zu tun. Kinder sind nicht immer ein tröstlicher Gedanke für sie; da ist noch etwas anderes, was mein Mann sucht, was zurückbleiben soll. Und daran arbeitet er, darum hat er so wenig Zeit für mich, und darum belaste ich ihn so wenig wie möglich.

Erotik bedeutet für mich, den Geruch eines Menschen schön zu finden oder seine große Zehe oder seinen kleinen Eckzahn oder sein Ohrläppchen, das ist für mich Erotik. Ich habe schon gelernt, daß Männer das nicht unbedingt brauchen. Das ist eben der fundamentale Unterschied. Sexualität war für mich etwas ganz Elementares. Ich bin über nichts aufgeklärt worden, nicht einmal in der Schule. Das ist sehr merkwürdig. Ich hatte schon damals etwas an mir, daß meinen Mitschülerinnen verboten hat, mich in diese einschlägigen

Gespräche hineinzuziehen. Dadurch, daß ich gar nichts wußte, habe ich geglaubt, daß ich das alles selbst erfunden habe. Alles. Und es hat mich sehr, sehr glücklich gemacht. Ich bin erst im Laufe der Jahre durch Literatur und Gespräche und natürlich auch durch Erfahrungen mit anderen Geliebten darauf gekommen, daß es das, was ich gemeint habe zu erfinden, natürlich schon in allen Spielarten immer gegeben hat. Und trotzdem, mich stört einfach der Gedanke, daß ich nicht die einzige bin, die so liebt. Ich fände es schön, wenn es so wäre und versuche, mir das auch so zu erhalten. Ich kann deshalb auch sehr schlecht Vulgärsprache aushalten. Und das, was sich jetzt als so beliebtes Thema in allen Medien ausbreitet, empfinde ich als eine sehr gefährliche Sache. Es wird alles so entleert, es bekommt alles einen Namen, und verliert dadurch das Geheimnisvolle. Ich habe immer das Geheimnis gesucht, und das wollte ich auch nicht teilen. Ich gehöre nicht zu den Frauen, die über ihren Mann und seine Gewohnheiten mit einer Freundin reden würde. Niemals. Das käme mir wie Verrat vor.

Das Älterwerden des Körpers finde ich erstaunlich, damit habe ich nicht gerechnet. Aber was anderes können wir machen, als es zu zulassen. Das finde ich das Klügste. Das beinhaltet ja auch, daß man sich trotzdem ärgert. Es überrascht mich, ich staune wirklich. Eigentlich hätte ich es ja wissen müssen, denn meine Mutter lebt ja nun schon seit fünfundzwanzig Jahren hier im Hause, und ich sehe immer mehr wie sie aus. Meine Hände verändern sich zum Beispiel in die Hände meiner Mutter. Du siehst es, und trotzdem ist es so, daß es dich aufs äußerste überrascht. Dennoch ist viel Realistisches in mir, das hat sicher damit zu tun, wie ich aufgewachsen bin. Es war einfach kein Thema in meiner Familie. Das Thema war: wie kann man hamstern. Wo kann man billigen Stoff bekommen, billige Knöpfe?

Meine Mutter und ihre zwei Schwestern waren drei tolle Frauen. Wir haben in sehr, sehr bescheidenen Verhältnissen gelebt, und der Erfindungsgeist dieser Frauen, die ja damals viel jünger waren als ich heute, war in den Nachkriegsjahren sehr gefragt. Sie waren absolute Künstlerinnen. Unglaublich schicke, tüchtige Frauen. Sie haben natürlich den Fußboden geschrubbt, die Vorhänge selbst genäht, mit viel Zivilcourage sich durch die bürokratischen Wirrnisse dieser Jahre gekämpft. Bei all dem gab es dieses Thema des äußeren Älterwerdens einfach nicht. Ich finde es auch ein bißchen wehleidig. Es hat diesen übertriebenen Stellenwert bekommen durch die Idealisierung der Jugend. Wobei ich mir natürlich auch gerne ein junges Gesicht anschaue, aber mir ist schon klar, daß hier über das schöne Gesicht hinaus etwas instrumentalisiert wird, nämlich Kapital. Darum geht es, und darum auch der Stellenwert. Ich bin davon relativ wenig beeindruckt. Ich denke mir, daß es wirklich wichtigere Dinge im Leben gibt, und da will ich ganz gerne ein bißchen klüger sein, als ich eigentlich bin und dieses Thema richtig behandeln. Also, ich wäre auch lieber bei fünfundvierzig Jahren stehengeblieben. Es ist ja schon Strafe genug, daß man sterben muß. Wozu mir die Falten nützen, weiß ich nicht, was lehrt mich das? Gar nichts. Nun ist es mal so, und da ich keine Alternative habe, will ich mich damit nicht beschäftigen. Ich will lieber aus diesen dreizehn Jahren, die mir bis zu meinem siebzigsten Geburtstag noch bleiben, etwas machen. Die kann ich nämlich gut oder schlecht verbringen.

Meine Mutter hat einen sehr unbändigen, durch nichts gezügelten Lebenswillen. Sie war entschlossene Verteidigerin ihrer Familie. Ich bin nicht vaterlos aufgewachsen, mein Vater hat nur keine prägende Rolle in meiner Kindheit gespielt. Ich habe ihn sehr geliebt, aber er war ein schwieriger merkwürdiger Mensch, ganz anders als alle Väter, die ich sonst kannte. Er war eigentlich eine Künstlernatur, konnte keinen Nagel einschlagen, war vollkommen unfähig bei den einfachsten Dingen des Lebens. Er hat sehr viel Klavier gespielt und komponiert, doch sehr wenig Erfolg gehabt und ist sehr verbittert, resigniert, böse gewesen. Natürlich war für mich diese muntere, schnelle Mutter prägend, die immer vorne weg war. Wenn es einen Wettlauf gab, wenn wir über Hürden gesprungen sind, immer hat sie gewonnen. Sie hat mir die schönsten Kostüme für den Eislaufplatz gemacht. Sie konnte einfach alles und war immer gut aufgelegt. Dieses in ganz kleinen Verhältnissen aufwachsen und trotzdem so glücklich sein, wie eben später nie wieder, so behütet, so beschützt: Ich glaube, das gibt mir noch heute eine gewisse Kraft. Ich bin auf eine merkwürdige Art und Weise, genau wie meine Mutter, unbeeindruckbar. Ob vor dem Haus eine große schwarze Limousine steht, die mich abholt, oder ob ich mit der Citroën-Ente fahre, das ist mir vollkommen wurscht.

Das Loslassen der erwachsenen Kinder ist so ein Schlagwort, und jede vernünftige Frau wird in der Öffentlichkeit sagen, daß sie das selbstverständlich macht. Ich bin zwar sehr froh, daß der Simon seinen Weg gefunden hat; er wird jetzt promovieren, aber ich finde es absolut wahnsinnig, daß er nicht jeden Tag bei mir ist. Das ist doch nicht normal, denn er ist aus mir herausgekrochen. Ich lüge, wenn ich sage, das ist mir sehr recht, daß er in New York lebt. Es ist mir überhaupt nicht recht. Das ist eine Sache. Und die andere Sache ist, daß ich sage, es war sehr gut, daß er nach New York gegangen ist. Es war sehr gut, daß er sich da alleine hat durchkämpfen müssen. Er kann sein Leben jetzt selbst in die Hand nehmen. Das eine ist Kopf und das andere ist Bauch. Natürlich denke ich mir, es wird an der Zeit, daß mein Mann und ich wieder mal zu zweit alleine leben. Aber ich weiß jetzt schon, daß ich furchtbar leiden werde. Mir fehlen die Kinder, mir fehlt die Atmosphäre der kleinen Kinder, die Lautkulisse, die hier immer war. Dieses Loslassen, das bedeutet eben auch zu akzeptieren, daß ein Kapitel zu Ende geht. Ich kann kein Kapitel schließen. Ich bin jemand, der unendlich klammert, aber in der Öffentlichkeit auf diesbezügliche Fragen frech lügt und sagt: Natürlich muß man loslassen können. So ist das.

Ich bin kein besonders aggressiver Mensch, ich bin eine Kämpfernatur, das ist etwas ganz anderes. Ich erlebe auch nicht wirkliche Aggressionen, ich bin irgendwie geschützt. Wirklich jähzornig und aggressiv werde ich nur, wenn es um Menschen geht, die mir ganz nahe sind. Weil ich soviel voraussetze, soviel erwarte. Die Enttäuschung mündet in Aggression, wenn ich merke, die haben mich nicht verstanden, mir gar nicht zugehört.

Gott ist für mich nicht die höhere Macht, die uns erschaffen hat. Ich finde es unendlich eitel, so richtig menschlich eitel, sich vorzustellen, daß man geschaffen worden ist von einer höheren Macht. Man braucht diesen Trost, weil man sich offensichtlich selbst nicht genügt, und weil man der Wahrheit nicht ins Auge gucken kann, nicht sehen will, daß nämlich das Leben nichts ist, daß es innerhalb dessen, in das wir eingebettet sind, den Lauf der Gestirne, nicht einmal ein Sekündchen ist, nicht einmal das. Und diesen Gedanken können nicht alle aushalten.

An den Abschied denkt man oft und sehr bewußt, wenn man mit einer sechsundneunzigjährigen Mutter zusammenlebt. Aber wir beide vermeiden ganz definitive Gespräche, wie das nachher sein wird. Nicht die Art des Begräbnisses, das haben wir alles besprochen. Ich möchte schon zu einem Grab gehen, Schlüsselblumen setzen und im Sommer vielleicht etwas Blaues oder kleine Buschröschen. Also, ich werde wieder Erde sein, das finde ich sehr schön und tröstlich. Ich möchte auch, daß meine Kinder sich überlegen, was sie pflanzen, weil ich ja dann wieder mitwachse. Und wenn sie die Heckenrosen gießen, dann sollen sie über mich reden. Das ist mir ein tröstlicher Gedanke.

Mir ist sehr wichtig, dem Nächsten die Würde zu lassen – in jeder Situation. Ich möchte ihn respektieren, damit er mich respektiert. Heute ist die Zeit des Beliebigen. Junge Menschen flechten gerne das Wort »irgendwie« in jeden Satz, als wollten sie sich nicht festlegen, als wollten sie keine Meinung haben. Wir haben ja noch nach Worten gesucht und sogar welche erfunden, vielleicht sogar bis zum Überdruß. Aber die wollen heute nicht wortgewaltig sein, wollen keine eigene Sprache haben. Ich habe Angst vor diesem Verstummen, vor diesen Sprachreduzierungen. Ich denke, auf eine paradoxe Art und Weise sind diese Sprachentleerungen, wo Menschen sich so nach außen stülpen wie in den Fernseh-Talkshows genau das gleiche Zeichen von Hilflosigkeit. In diesen Talkshows, in denen es keinen Zuspruch, keine wirkliche Hilfe gibt. Die lassen die Leute kommen. Dann quetschen sie sie aus, stellen sie aus. Dafür bezahlen sie ihnen einen Tausender. So ist das. Also, ich wünschte mir und ich werde es wahrscheinlich erleben, ich bin ganz gewiß, daß sich unsere Gesellschaft wieder Ziele setzt. Also wir.

Gräfin Sonja Bernadotte
Unternehmerin, Jahrgang 1944

Prioritäten setzen und konsequent sein

Die größte, mir lange unbewußte Prägung habe ich sicher dadurch erfahren, daß mein Vater erst aus russischer Gefangenschaft zurückkehrte, als ich schon beinahe drei Jahre alt war. Gottseidank kam er zurück!

Wenn ich mein Lebensgefühl heute betrachte, dann habe ich vor allem das Empfinden, daß ich es geschafft habe, auch einmal ein bißchen außerhalb von mir und meiner Umgebung zu stehen und dem Ganzen zuzuschauen. Das ist ein ausgesprochen gutes Gefühl, das eine gewisse Gelassenheit mit sich bringt. Ob meine Umgebung damit so gut zurecht kommt, ist eine andere Frage. Mein Zeitmanagement sieht anders aus, denn ich bin heute darauf eingestellt, meine eigenen Interessen zu betrachten, wahrzunehmen und umzusetzen. Konsequenz spielt bei diesem privaten Zeitmanagement eine wichtige Rolle. Wie gehe ich mit meiner Freizeit, mit meinen Ehrenämtern um, wo lasse ich mich fremd bestimmen, wo will ich selbst bestimmen. Daraus ergibt sich eine ganz klare Anforderung an mich selbst: Prioritäten zu setzen und konsequent zu sein.

Die bedeutenden Komponenten, die so etwas wie meinen Lebenssinn bestimmen, sind die Übernahme des von meinem Mann aufgebauten Lebenswerks, meine Familie und die Mainau, in ihrer breiten Skala der phantastischen Aufgaben, die ich vor beinahe dreißig Jahren übernommen habe. Ich habe in der letzten Zeit sehr viel über meine Lebensziele nachgedacht. Darüber, was meine Familie, mein Umfeld, meine Partner, meine Freunde und vielleicht auch meine Feinde von mir im Gedächtnis behalten werden, wenn es mich einmal nicht mehr gibt. Das ist eine ganz interessante Art, den Sinn des Lebens und die Ziele im Leben zu betrachten. Ich habe das große Bedürfnis, mir klarer darüber zu werden, wohin ich gerade gehe. Vielleicht hängt diese Sichtweise ein bißchen mit dem Alter zusammen. Daß man sich darüber klar wird, was man geleistet hat und sich darüber freut und auch dankbar ist.

Den Wunsch nach einer anderen Lebensform habe ich momentan nicht. Was ich allerdings möchte ist, in ganz naher Zukunft eine Fertigkeit zu erwerben, die nichts mit der Mainau oder der Familie, sondern ausschließlich etwas mit mir zu tun hat, von der ich ganz alleine profitiere. Das habe ich eigentlich seit meiner Jugend nicht mehr getan.

Über mein Frausein in dieser Generation habe ich oft nachgedacht und die Position der Frau in unserer heutigen Zeit zu bestimmen, ist sehr reizvoll. Es ist den Frauen meiner Ansicht nach gelungen, sich in der Gesellschaft und in der Arbeitswelt ihren Platz zu erobern. Das freut mich natürlich, andererseits bin ich allen Frauenrechtlerinnen gegenüber sehr kritisch eingestellt. Ich glaube, Frauen vergaloppieren sich da oft. Hier auf der Mainau haben wir über fünfzig Prozent weibliche Mitarbeiter, ohne daß ich an irgendeine

Gräfin Sonja Bernadotte

Quotenregelung gedacht hatte. Es hat sich so entwickelt, vielleicht, weil ich als Frau an der Spitze des Unternehmens stehe. Ich glaube, daß wir mit dieser ganzen Bewegung der »Frauen nach vorne« natürlich umgehen sollten, dann haben wir den größten Gewinn. Als Frau wünsche ich mir außerdem, daß wir es schaffen, erreichte Machtpositionen nicht zu mißbrauchen. Mein eigenes Frauenbild haben meine Großmutter und meine Mutter geprägt. Meine Großmutter war vom heutigen Blickwinkel aus betrachtet eine absolute Emanze, die vieles bewegt hat. Meine Mutter hatte als Kriegs- und Trümmerfrau sehr viel Kraft, Aufbauwillen und Durchsetzungsvermögen, was ihr oft einen sehr herben Touch gab. Sie war mir in gewisser Weise ein Vorbild. Nach der Nachkriegszeit ist sie sehr schnell wieder zu dem Bild einer sehr weiblichen Frau zurückgekehrt, immer noch zielstrebig und stark, aber mit einer sehr fraulichen Ausstrahlung. Ich habe mir – wohl eher unbewußt – vorgenommen, so eine Kombination zu werden, und es ist mir, glaube ich, auch gelungen.

Im Umgang mit Männern und Frauen habe ich keine Probleme, weder beruflich noch privat. In meiner Persönlichkeitsstruktur habe ich eher eine starke männliche Komponente, die mir sicher vieles erleichtert hat. Zudem bin ich mit zwei Brüdern aufgewachsen, die mir immer gezeigt haben, was sie als Männer an Frauen weniger schätzen, dabei habe ich viel gelernt. Wenn ich mich entscheiden müßte, mit wem ich lieber zusammenarbeiten würde, müßte ich mich ganz klar zu den Männern bekennen. Das liegt daran, daß ich Männer besser einschätzen kann. Die Denkweisen und Reaktionen von Frauen kann ich manchmal sehr schwer erfassen. Da muß ich mich viel stärker hineindenken und viel tiefer in den Dialog treten, was erheblich mehr Energie bindet.

Mein Beruf besteht aus einer ganzen Ansammlung von phantastischen Tätigkeiten, die ich unheimlich gerne ausübe, und die mich sehr ausfüllen. Einen Namen dafür habe ich gar nicht. Ausgebildet bin ich als Sekretärin und habe dann die kaufmännische Karriere durchlaufen. Ich möchte das einbringen, was ich einbringen kann und das rausnehmen, was ich rausnehmen kann, um dann etwas Sinnvolles weiterzubewegen. Ich führe ein Unternehmen mit vielen Facetten, und das ist unerhört spannend. Neben meiner Familie bedeutet mir dieser Beruf das allermeiste, weil ich weiß, daß es ein Mittelpunkt ist, von dem aus ich sehr viel bewegen kann. Allerdings würde ich es eher als Berufung, denn als einen Beruf bezeichnen.

Es hat mich sehr beschäftigt, daß Freundschaften zuallererst an den Rand gedrängt wurden, wenn es darum ging, all meine Pflichten und Aufgaben zu erfüllen. Zudem habe ich es schwer akzeptieren können, daß Freundschaften in Wellen verlaufen, heute kann ich das akzeptieren. Heute gebe ich ihnen einen höheren Stellenwert, denn es gibt für mich inzwischen ganz verschiedene Kategorien von Freundschaften. Das können Ehepaare sein, mit denen ich mich austausche und Veranstaltungen besuche. Dann gibt es die Kategorie der freundschaftlichen Berater, mit denen ich ein Problem erörtern kann. Dann gibt es die netten Bekannten, die man einfach einmal zum Essen einlädt. Schließlich gibt es eine Handvoll enger Freundinnen, die mich seit vielen Jahren begleitet haben, und zu denen ich immer kommen kann. Männer, die eine solche Stellung einnehmen, gibt es eher selten. Besonders schön finde ich, daß sich auch meine Kinder zu Freunden entwickeln, das ist sicherlich eine ganz spezielle Art von Freundschaft.

Unsere Ehe ist sicherlich außergewöhnlich, und sie ist begründet auf einer sehr, sehr intensiven und vielseitigen Zusammenarbeit, die dann letztlich zu einer Ehe geführt hat. Neben unserem Altersunterschied, der mit fünfunddreißig Jahren eher ungewöhnlich ist, ist die Ehe auch deshalb außergewöhnlich, weil mein Mann aus einer sehr festgefügten Welt ausgebrochen ist und dann die Mainau aufgebaut hat. Ich bin gleichaltrig mit seiner jüngsten Tochter aus erster Ehe, das ist natürlich eine komplizierte Situation, und es gab im Laufe der ersten Jahre zahlreiche Irritationen und schwierige Phasen im Zusammenhang mit der ersten Familie meines Mannes, die mal der eine, mal der andere überwunden hat. Schließlich hat das Gefühl füreinander gesiegt, und wir haben beschlossen, diesen Weg mit allen Konsequenzen zu gehen. Eine große Hürde war zu überwinden, weil mein Mann keine Kinder mehr wollte. Für mich war das aber die Voraussetzung für eine Heirat. Ich wollte unbedingt eine große Familie haben. Bei unserer Hochzeit war ich achtundzwanzig Jahre alt, und letztlich ging dann alles, was das Gesellschaftliche und die Mainau anbelangte, ruhig über die Bühne. Heute kann ich sagen, daß es für mich nur von Vorteil war, mit einem älteren Mann verheiratet zu sein, der die übliche Sturm- und Drangperiode hinter sich hatte. Es war von Anfang an eine phantastische Partnerschaft. Eine große Belastung in unserer Ehe war der Rückzug meines Mannes aus dem Unternehmen, und es hat eine Weile gedauert, bis wir beide wieder eine neue umfassende Basis gefunden hatten. Was mich in all den Jahren sehr begeistert hat, waren unsere fünf Kinder. Wir haben sie zur Welt gebracht, großgezogen und ihnen eine Basis gegeben, mit allen Turbulenzen, die es geben kann. Für mich ist es das größte Resultat unserer Ehe, daß es offensichtlich gelungen ist, in die nächste Generation hineinzuwirken. Ich war während der acht Jahre, in denen ich die Kinder bekommen habe, immer berufstätig. Das war eine sehr intensive Zeit. Physisch anstrengend, aber sehr kreativ. Ich glaube, ich war nie so kreativ wie während der Schwangerschaften. Das waren wirklich sehr schöne Zeiten.

Heute bin ich im Grunde dabei, mich auf die Pensionierung einzustellen und die Kinder darauf vorzubereiten, daß ich innerhalb der nächsten sieben Jahre aufhören werde. Das ist ebenfalls ein spannender Prozeß, auch für meine Kinder, die sich immer mehr mit der Mainau befassen. Jetzt beschäftigen mich in unserer Ehe die Tatsachen, daß gemeinsame Freunde wegsterben, und daß sich mein Mann, der in diesem Jahr neunzig Jahre alt wird, immer mehr zurückzieht und davon spricht, wie das sein wird, wenn er einmal nicht mehr da ist. Das ist ganz natürlich, aber andererseits ein Prozeß, der mich tief bewegt. Ansonsten lebt unsere Partnerschaft von all dem, was wir gemeinsam erarbeitet und erlebt haben und von unseren Kindern, die sehr in unsere Beziehung hineinstrahlen. Wir sind uns nach wie vor liebevoll verbunden, und mein Mann ist für mich ein Zentrum, das ich in dieser Art nie mehr bekommen werde. Ich bin dankbar für jeden Tag, den ich ihn noch habe und begleite ihn im Älterwerden mit viel Liebe, Freundschaft und Zuneigung. Sexualität hat dabei den Stellenwert, den sie immer für mich hatte, nämlich keinen überhöht wichtigen. Sexualität ist für mich etwas, das ich dankbar annehme, wenn es sich in einem innigen Gefühl ergibt.

Für mein eigenes Älterwerden habe ich mir vorgenommen, mit den Veränderungen, die auf mich zukommen, zu leben. Ich werde mir zum Beispiel mit größter Sicherheit die Haare nicht färben, und ich denke, daß jedes Alter seine positiven Seiten hat. Ich halte mich fit, gehe gerne zur Kosmetik, denn dabei tue ich auch etwas für meine Seele. Eine Frau sollte schon attraktiv bleiben, das finde ich wichtig, wobei die Attraktivität auch sehr stark von innen kommen kann. Das ist eigentlich mein Ziel.

Meine Eltern führten eine liebevolle und harmonische Ehe, und das war für mich das prägendste Element meines Elternhauses. Da mein Vater erst knapp zwei Jahre nach Kriegsende aus der Gefangenschaft nach Hause kam, ich also bereits zwei Jahre alt war, hatten wir zwar immer ein liebevolles, aber etwas distanziertes Verhältnis. Die größte Schwierigkeit hatte ich allerdings mit unserer Haushaltshilfe, die ein echter Drachen war. Diese Frau war die Geißel meiner Kindheit, und ich habe früh versucht, ihr aus dem Weg zu gehen. Da meine Eltern nicht viel Zeit für uns drei Kinder hatten, bin ich sehr selbständig aufgewachsen, was gleichermaßen Gefahren und Vorteile hatte. Für meine eigenen Kinder kann man vielleicht ähnliches feststellen, denn ich hatte für sie verhältnismäßig wenig Zeit, und sie sind alle sehr früh selbständig gewesen, auch wenn sie dabei gewisse Blessuren davongetragen haben. Das Urvertrauen in ihre Eltern haben wir ihnen jedoch geben können, und ich bin davon überzeugt, daß sie als Freunde zurückkommen.

Mit Aggressionen, die mir entgegengebracht werden, versuche ich zunehmend analytisch umzugehen, weil ich kaum noch bereit bin, einen Schlagabtausch vorzunehmen. Das kostet mich einfach zu viel Energie. Meine eigenen Aggressionen versuche ich ähnlich zu behandeln, auch wenn ich wahnsinnig explodieren kann. Ich versuche positive Lösungen zu finden und bemühe mich, um Kräfte zu sparen, eher um diplomatische Verhaltensweisen.

Krieg ängstigt mich und ich bin der Auffassung, daß wir alle versuchen sollten, den täglichen Kleinkrieg, den Flächenbrand, den Finanzkrieg und viele weitere Krisenherde im Rahmen unserer Möglichkeiten zu vermeiden. Eigentlich verschließe ich mich dem Ganzen ein bißchen und möchte damit eher nicht konfrontiert werden. Unbewußt hängt das sicher mit meinen eigenen Erlebnissen zusammen, auch mein Bedürfnis nach Frieden. Wenn ich allerdings um mich blicke, muß ich leider feststellen, daß die Menschen nicht sehr erfolgreich sind und noch nicht einmal im eigenen Umfeld Krieg verhindern können.

Ich bin sehr religiös erzogen worden und glaube an einen Herrgott, den es in irgendeiner Form für mich gibt. Es war eine wirkliche Enttäuschung, daß ich nicht katholisch getraut werden konnte, weil mein Mann evangelisch ist und geschieden war. Deshalb bin ich aus der katholischen Kirche ausgetreten und gehöre der schwedischen Staatskirche an. Beim Tod meiner Mutter im letzten Jahr habe ich erlebt, daß der Glauben eine große Stütze sein kann. Es war unglaublich, mit was für einer Gelassenheit und Sicherheit sie, gefestigt durch die enge Bindung an die Bibelchristen, diese Welt verlassen hat.

Die Gedanken an meinen eigenen Tod beschäftigen mich seit meiner Krebsoperation vor vier Jahren und aufgrund des Todes zahlreicher Freundinnen und Freunde natürlich schon. Wie es letztlich für einen selbst aussehen wird, kann man nicht sagen. Aber der Gedanke zu sterben, schreckt mich nicht mehr so wie vor dem Tod meiner Mutter. Ich habe noch keine Pläne für mein Alter. Ich wünsche mir, daß ich dann für vieles noch Zeit haben werde: Lesen, Reisen, Malen, Musik. Ganz bestimmt werde ich nicht auf der Mainau leben und mir anschauen, wie es meine Nachfolger machen. Und ich will unter allen Umständen vermeiden, mich an meinen Kindern festzuhalten. Ich wünsche mir, eine selbständige, fröhliche Persönlichkeit bleiben zu können, so wie es meine Mutter im hohen Alter noch war.

SABINE BÜTTNER
KRANKENSCHWESTER, JAHRGANG 1943

Es kommt, wie es kommen muß

Das Älterwerden ist ein Reifeprozess. In meinem Leben gab es viele Höhen und Tiefen. Jetzt gilt es nur noch, nach vorn zu schauen.

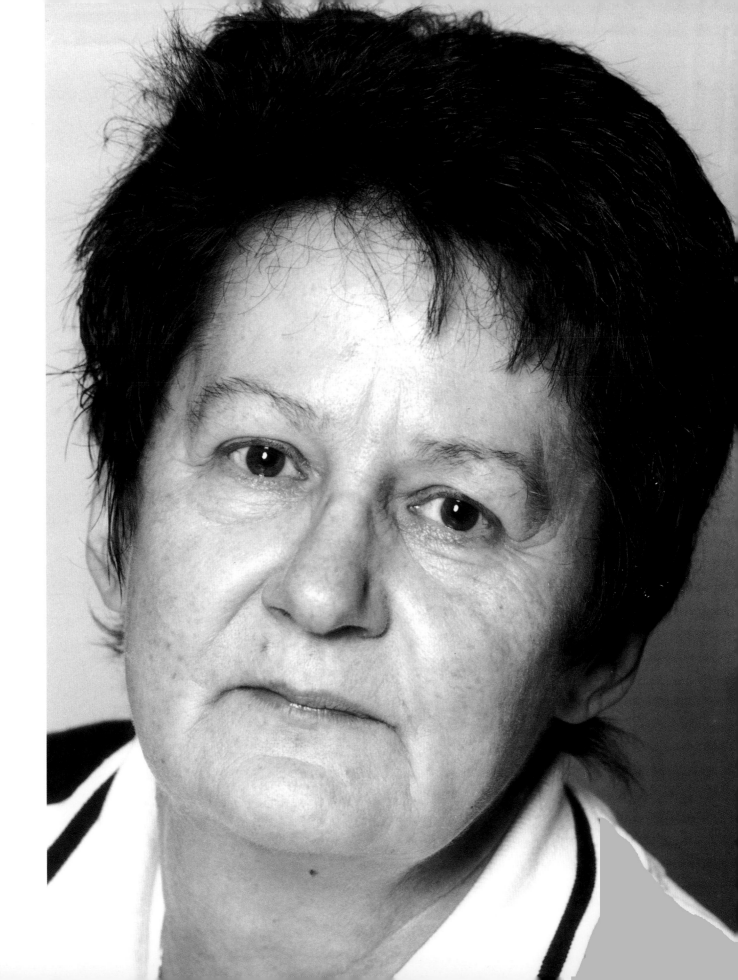

In meinem jetzigen Alter fühle ich mich wohl. Ich bin gelassener als früher, wenn auch nicht mehr ganz so leistungsfähig. Ich habe ja einen aufreibenden Beruf, der mir heute viel mehr auch als Lebensaufgabe dient als früher. Da waren die Kinder wichtiger, und der Beruf war hauptsächlich zum Geldverdienen da. Klar, helfen ist eigentlich unser Beruf. Aber man darf dabei auch nicht sein Privatleben vergessen. Das ist ebenso wichtig. Um das zu lernen, braucht man schon ein gewisses Alter und die lange Erfahrung von zweiundzwanzig Jahren als Krankenschwester. Man muß aufpassen, daß man nicht alles mit nach Hause nimmt. Man muß lernen, das Krankenhaus auch mal hinter sich zu lassen. Das gelingt nicht immer. Manche Schicksale begleiten einen bis nach Hause. Man überlegt sich, wie man dem Menschen helfen könnte. Aber im großen und ganzen sollte man, wenn man hier herausgeht, abschalten, schon aus einem gewissen Eigenschutz. Ja, man muß abschalten lernen. Ich habe eine gute Methode dafür entwickelt: Ich träume davon, einmal mit meinem Lebenspartner in Südfrankreich zu leben. Das wird wahrscheinlich nie wahr, aber es ist schön, sich das auszumalen.

Frausein in dieser Generation ist schwer. Man muß sich sehr behaupten. Je älter man wird, desto mehr muß man durch Leistung glänzen. Wenn man jünger ist, schön und strahlend, wird vieles damit überspielt. Je älter man wird, desto mehr Leistung muß man zeigen.

Mann und Frau – nein, da würde ich keinen Unterschied sehen. Meistens kommt man ja mit Männern besser aus. Arbeiten tue ich lieber mit Männern als mit Frauen. Mit Männern kann man ganz anders reden, jedenfalls mit den meisten. Frauen sind ein bißchen empfindlicher. Mit Männern kann man mal ein klares Wort sprechen. Auch bei den Patientinnen oder Patienten. Gut, es gibt auch wehleidige Männer. Aber da kann man mal eher sagen: hier, bis dahin, nun ist gut. Nun reißen Sie sich mal zusammen. Das können Sie zu einem Mann sagen. Sagen Sie das zu einer Frau, nimmt sie das gleich persönlich. Da muß man ein bißchen hintenrum reden.

Mit den Worten Freundin oder Freund habe ich große Schwierigkeiten. Das gibt es bei mir sehr wenig. Da bin ich sehr sparsam. Ich habe meine beste Freundin, mit der gehe ich durch dick und dünn. Aber der Partner ist auch involviert. Mein Partner ist mein Ruhepol. Bei ihm kann ich auch mal Sachen loswerden, wir können gut diskutieren. Natürlich gibt es auch mal Streit, das ist ganz normal. Wir kennen uns seit zwei Jahren. Diese Partnerschaft hat einen großen Stellenwert für mich. Das ist

Sabine Büttner

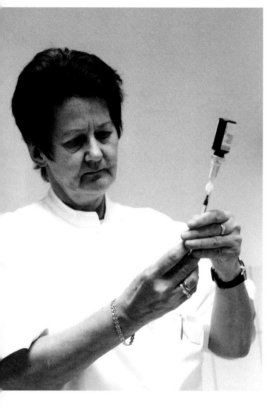

schön. Ich habe schon zwei Ehen durchlebt, die habe ich hinter mir gelassen. Weg damit.

Ich habe zwei Kinder von meinem Mann aus erster Ehe, und darüber bin ich glücklich. Mein Enkelkind ist baß erstaunt, daß Oma noch Sex hat. Ich meine, daß Sex nicht mehr einen so hohen Stellenwert hat wie in der Jugend, das ist ganz klar. Aber Sex gehört einfach zur Partnerschaft, und wir können ihn viel entspannter ausleben als früher. Ich weiß ja, die Kinder stehen nicht hinter der Tür. Mit meiner Tochter und meinem Sohn habe ich heute ein wunderbares Verhältnis. Sie wohnen auch hier in der Gegend. Das ist kein richtiges Mutter-Sohn-Tochter-Verhältnis, mehr alles so freundschaftlich, eher kameradschaftlich.

Ich kann ganz gut damit umgehen, daß mein Körper nicht mehr so stramm und fest, eher schon ein bißchen wabbelig ist, aber manchmal bin ich doch ein bißchen entsetzt, wenn wieder am Bauch eine Falte ist. Tja. Meine Enkeltochter hat zu meinem Fünfzigsten zu mir gesagt: Oma, ich gratuliere dir schön, aber jetzt wirst du ein bißchen ältlich! Da war sie zehn.

Ich bin sehr behütet aufgewachsen und wurde von meinem Vater sehr verwöhnt. Ich habe bei meinen Kindern darauf geachtet, daß das nicht passiert. Mein Vater war in der DDR Dozent an der CDU-Parteischule. Er war politisch sehr rege, aber ich habe mich aus lauter Gnatz konfirmieren lassen. Das war meine Trotzreaktion. Meine Kinder waren schon 1989 aus der DDR weggegangen. Nach der Wende bin ich auch hierhergekommen. Hier gab es Arbeit. In der ehemaligen DDR hätte ich heute keine Arbeit mehr in meinem Alter. Das weiß ich.

Ich möchte heute nicht mehr in der DDR leben. Vielleicht, weil man das jetzt hier kennengelernt hat. Aber nein, die Menschen haben sich doch so verändert dort. Die meisten sind auch schon solche Egoisten geworden, das ist nicht mehr der Zusammenhalt. In der DDR kam ja der Zusammenhalt dadurch, weil es nichts gab. Gibst Du mir, gebe ich Dir. Und so wurde immer gemauschelt. Und heute ist das nicht mehr. Nein, ich möchte da nicht mehr wohnen. Meine Geschwister leben zwar noch in der ehemaligen DDR. Mich zieht nichts mehr großartig hin. Alle paar Jahre mal hinfahren, ja.

Mit Aggressionen gehe ich heute nicht mehr so vehement um. Jetzt schlafe ich erst eine Nacht drüber. Manchmal kommt dann allerdings doch das Temperament durch, und dann sage ich das, was ich gerade darüber denke. Früher war ich viel impulsiver. Da ging das gleich los.

Vom Krieg habe ich wenig mitgekriegt. Ich weiß es nur vom Erzählen, von meinen Eltern. Ich weiß, daß mein Vater für uns vier Kinder viel Schmuck meiner Mutter versetzt hat, um uns zu ernähren und geschoben und geschachert hat, wie alle das gemacht haben. An eines kann ich mich erinnern. Ich wollte mal ein neues Kleid haben, weil ich immer die abgetragenen meiner Geschwister auftragen mußte. Ich kriegte zu Weihnachten ein wunderschönes Kleid. Meine Mutter hatte aus drei Kleidern eines gemacht, und ich hatte ein neues Kleid. Das war nicht schon abgetragen von meinen Geschwistern.

Für mein Alter, oh, da habe ich schon viele Pläne! Ich sage doch, nach Südfrankreich möchte ich und dann alles nachholen, was ich in meinem Leben verpaßt habe. Und auch einmal Ruhe kriegen, mal aufstehen, wann ich möchte und nicht immer dieses Muß dahinter, du mußt, du mußt, du mußt. Das ganze Leben bestand nur noch daraus. Man mußte funktionieren. Wie ich leben will, wenn ich wirklich alt und hilfsbedürftig bin, das lasse ich auf mich zukommen, das ist noch soweit weg. Wie alle möchte ich dann ganz schnell von der Erde abtreten. Aber danach geht es ja nicht. Aber nicht in ein Altersheim, nein, das möchte ich nicht. Wenn ich überlege, was mir wichtig ist, dann kommt erstmal die Familie, die ist mir sehr wichtig, ganz wichtig. Und meine Partnerschaft, daß es so schön bleibt, wie es ist. Alles andere kommt, wie es kommen muß.

BERTI VON DER DAMERAU
DIPL. DESIGNERIN, JAHRGANG 1943

Sinnlich und lustvoll muß es sein

Ich danke meinen Eltern, daß ich als Mädchen
entscheiden konnte, welchen Beruf ich ergreifen
wollte. Ich mußte nicht im elterlichen Betrieb
mitarbeiten, sondern durfte weit weg in der
Großstadt ein Studium anfangen. Dadurch
konnte ich meinen Wirkungs- und Erlebnisbe-
reich enorm erweitern, was in mir Wesenszüge
und Fähigkeiten zu Tage förderte, die mich
stark und selbstbewußt machten. Als ich in meiner Ehe schmerzhaft enttäuscht wurde, konnte
ich auf die Erfolge im Beruf und die positive Re-
sonanz bei meinen Freunden und Mitarbeitern
bauen. Sonst hätte ich nie die Kraft gehabt,
mich scheiden zu lassen und mit drei kleinen
Kindern positiv in die Zukunft zu sehen.

Im Vergleich zu der Zeit vor zehn, zwanzig oder dreißig Jahren habe ich heute das beste Lebensgefühl. So gut war es noch nie. Seit zwölf Jahren lebe ich alleine, und seit zwölf Jahren finde ich es gut so. Ganz alleine lebe ich zwar nicht, denn noch wohnt mein 18jähriger Sohn hier. Aber den Tagesablauf bestimme ich selbst und habe das Glück, mir auch meine Arbeit so einteilen zu können, wie ich es will. Ich freue mich darüber, alleine aufzuwachen. Heute kenne ich meine eigenen Bedürfnisse, früher habe ich dagegen sehr häufig das getan, was von mir erwartet wurde. Ich habe damals nicht darauf geachtet, ob ich es selbst auch will. Heute dagegen frage ich mich andauernd, ob ich Dinge wirklich tun möchte und wenn nicht, dann mache ich sie eben nicht. Ich bestimme für mich selbst, und das bekommt mir gut. Nur auf diese Weise kann ich erfolgreich und gut arbeiten, weil ich dann mit viel Lust rangehe, und die Arbeit mir Spaß macht.

Alleine zu leben, entspricht meiner Wunschlebensform. Einen Partner dazu könnte ich mir schon als Variante vorstellen, aber einen, der nicht im selben Ort wohnt, sondern vielleicht eine Stunde entfernt. So hat jeder seine Arbeit, und man würde nur die Dinge zusammen tun, bei denen man gut füreinander ist. Sich etwas vorlesen, Kinobesuche, kochen und ins Bett gehen. Eine solche Partnerschaft wäre schon eine Alternative, aber ich glaube, daß es sie nicht gibt. Ich möchte meine jetzige Lebensform auch nicht aufs Spiel setzen oder verändern. Ich vermisse niemanden, habe keine Sehnsucht und suche nicht. Ich wäre auch nicht zu großen Abstrichen oder Kompromissen bereit, weil es mir so, wie es jetzt ist, wirklich gut gefällt. Für eine Partnerschaft würde ich meine Persönlichkeit auf keinen Fall verdrehen. Momentan habe ich keinen Partner, aber ich habe schon die Möglichkeit, mit einem Mann zu schlafen.

Wie aufregend Sexualität sein kann, habe ich leider viel zu spät in meinem Leben gelernt – praktisch erst in meinem vierzigsten Lebensjahr. Heute lebe ich eine ganz selbstbestimmte Sexualität: mir muß sozusagen das Wasser im Mund zusammenlaufen. Sinnlich und lustvoll muß es sein! Lieber dreimal im Jahr mit ganz viel Lust als andauernd und mit jemanden, den ich gar nicht anziehend finde. Ich fühle mich sexuell nur zu Männern hingezogen, obwohl ich Frauen durchaus erotisch finden kann. Aber ich fühle mich dann nicht angesprochen, es klingelt nichts in mir. Eigentlich finde ich das traurig, denn es wäre im Grunde viel einfacher und schöner, wenn ich meine Erotik mit Frauen ausleben könnte, weil sie für mich dieselbe Sprache sprechen. Aber ich habe einfach kein Verlangen danach.

Berti von der Damerau

Meine Lebensaufgabe waren bis jetzt immer die Kinder. Daran wird sich wohl auch nichts ändern. Diese Aufgabe habe ich nicht nur im beschwerlichen Sinne erlebt, sondern auch im positiven, ganz fröhlich. Meine Kinder werden die Beziehung zu mir weiter bewahren, wie sie jetzt ist. Die Zeit, in der die Kinder zu Hause sind, geht langsam zu Ende. Das nächste Stadium ist wahrscheinlich erreicht, wenn das sogenannte Rentenalter anfängt. Und wenn ich an das Rentenalter denke, dann auch an ein Leben mit Enkelkindern. Ein Leben ohne Kinder hab ich mir nie vorstellen können und ich bin glücklich, daß wir heute untereinander ein echtes und freundschaftliches Verhältnis haben. Es ist wie unter Freunden, sie kommen gerne und erzählen mir alles, auch intime Dinge.

Die Stärke von Frauen besteht für mich darin, daß sie die Fähigkeit haben, sich nicht so wichtig zu nehmen. Frauen sind einfühlsamer und achten mehr auf das, was andere Leute zu sagen haben. Sie hören besser zu, verarbeiten das Gehörte und sind damit für mich menschlich klüger als Männer. Unter dieser Prämisse könnte ich auch sagen, daß es weniger Kriege auf der Welt geben würde, wäre sie frauenbestimmt. Es gibt nur Männerkriege. Wenn Frauen entscheiden könnten, würde es keinen Krieg geben. Sie setzen Leben in die Welt und sagen nein, dieses Kind soll niemals totgeschossen werden, und es soll auch niemand anderen erschießen.

In meiner heutigen Lebensphase nimmt der Beruf den größten Raum ein, und ich würde nur unter Zwang aufhören zu arbeiten, wenn zum Beispiel keine Aufträge mehr da wären. Ein Leben ohne Gestaltung, grafische Gestaltung, kann ich mir nicht vorstellen, da würde sich ein sehr großes Loch auftun. Meine Arbeit bringt mir große Freude und macht mich einfach glücklich. In meinem Beruf habe ich zwangsläufig, weil unsere Gesellschaft ist wie sie ist, fast ausschließlich mit Männern zu tun. Das ist für mich sogar ein wenig von Vorteil, obwohl ich gerne mit Frauen zusammenarbeite. Ich finde es angenehm, daß

es Männer gibt und finde es angenehm, Frau zu sein. Das setze ich beruflich auch manchmal bewußt ein und trage zum Beispiel gerne einen knallroten Lippenstift.
Freundschaften habe ich mit Frauen, Männern und Ehepaaren, aber die Freundinnen überwiegen. Eine schöne Mischung, mit allen ist es herzlich und wunderbar. Es gibt auch einige Männerfreundschaften, die nicht auf Sex basieren, sondern einfach auf gleichen Interessen. Das finde ich sehr schön, denn mit Männern entstehen manchmal doch andere Gespräche als mit Frauen. Aber sowohl bei den Männern als auch bei den Frauen steht immer das Interesse an der Person im Vordergrund; ich verhalte mich Männern gegenüber nicht vorsichtiger. Wenn ich jemanden kennenlerne, mache ich keine Unterschiede, es interessiert mich einfach, was Menschen denken.

Von meinen Eltern habe ich gelernt, korrekt und zuverlässig zu sein und anständig mit anderen umzugehen. Es fällt mir nicht allzu leicht, dies einzugestehen, denn ich habe meinen Eltern gegenüber auch sehr viele Kritikpunkte. Ich hatte ein gutes Elternhaus, doch es war sehr von Ängstlichkeit und straffer Organisation geprägt. Im Grunde wurde ich von meinen Eltern gegängelt und mußte mir meine Freiräume regelrecht freischaufeln. Die mir auferlegten Zwänge waren für meine Entwicklung in höchstem Maße hinderlich. Gleichzeitig war zu Hause Harmonie angesagt.
Meine Eltern sind heute beide über achtzig Jahre alt. Meine Mutter ist eine kleine, kranke und empfindsame Frau geworden. Das einzige, was ich für sie tun kann, ist, sie zu besuchen, in den Arm zu nehmen und mit ihr spazierenzugehen. Echte Verständigung gibt es zwischen uns eigentlich nicht. Mein Vater ist ein totaler Verstandesmensch, der sich gerne mit mir unterhält, aber politisch vollkommen andere Vorstellungen hat als ich. Daher kann ich mit ihm auch keine Gespräche führen, die mich interessieren. Er freut sich, wenn ich da bin, aber er vermißt es nicht, wenn ich nicht komme. Meine Mutter würde mich am liebsten den ganzen Tag neben sich haben, ohne genau zu wissen, warum.
Mit Konflikten und Aggressionen konnte ich überhaupt nicht umgehen, und es fällt mir bis heute schwer, zu streiten. Wenn ich aggressiv werde, bremse ich mich zuerst ab und über-

lege, warum ich wütend bin und wie ich das in Worte fassen könnte. Ich versuche, alles auf die logische Schiene zu bringen. Ganz, ganz selten kommt es vor, daß ich schreie. Meistens finde ich für alles eine rationale Lösung. Aber am liebsten vermeide ich Aggressionen.

Krieg bedeutet für mich, Hunger zu haben und nie genug Brot zu bekommen, und daß mein Vater in der Gefangenschaft ist und nicht nach Hause kommt. Ansonsten habe ich keine Erinnerungen. Keine zerstörten Häuser oder Schießereien. Da wir damals auf einem Bauernhof in Oberösterreich lebten, habe ich nichts dergleichen erlebt. Die Nachkriegszeit verbinde ich mit dem Gefühl des Hungerns. Ich erinnere mich, daß wir damals Butter selber machten, indem wir Sahne in eine Flasche füllten, und ich die Flasche solange schütteln mußte, bis sie zur Butter geworden war. Das sind Sachen, die man nie vergißt. Bis heute kann ich mit einfachen Dingen oder Speisen zufrieden sein. Diese Bescheidenheit von damals hat mein Leben geprägt, und es fällt mir sehr schwer, etwas wegzuwerfen.

Unsere Frauengeneration ist geprägt durch die Nachkriegszeit und natürlich auch durch die 68er Revolution. Was haben wir Frauen nicht alles über Erziehung gelesen und dadurch anders reflektiert und gehandelt. Wir haben den Kindern viel an Erleben und Ausprobieren angeboten, und in gewisser Weise bedeutete das für uns Mütter viel mehr Arbeit. Aber das finde ich immer noch richtig so.

Was mein körperliches Älterwerden anbelangt, empfinde ich eher Bedauern als Angst. Die Haut sieht nicht mehr so schön aus, und ich versuche schon, den Alterungsprozeß durch Pflege aufzuhalten. Die äußere Schönheit ist zwar nicht das Wichtigste, aber wir sind einfach schöner anzusehen, wenn wir jung sind. Vielleicht kann man dieses äußerliche Älterwerden durch die Persönlichkeit, die man im Laufe des Lebens gewonnen hat, wettmachen. Als Gestalterin tendiert man wohl sowieso zum Schönen, und ich versuche, so zu sein, daß ich mich selber schön finde und leiden mag und möchte auch den anderen einen einigermaßen schönen Anblick bieten. An Dinge wie Siechtum, Versorgung oder ähnliches, die mit dem Älterwerden zu tun haben, denke ich wenig. Ich schiebe das mindestens noch zehn Jahre auf, vielleicht noch länger. Wer weiß, wie ich mich dann fühle. Ebenso mache ich mir über Sterben und Tod keine Gedanken. An den Tod meiner Eltern denke ich schon, aber immer in der Hoffnung, daß er nicht passiert. Ich wünsche mir, im Alter erlebnisfähig zu bleiben. Sachen sehen zu können, zu reisen, mich freuen zu können und von finanziellen und gesundheitlichen Sorgen frei zu sein.

KARIN DARGER
MODEKAUFFRAU, JAHRGANG 1940

Zukunftsangst habe ich keine, dazu sind wir Frauen zu stark

Ich bin gelernter Optimist! Die Nachkriegszeit lehrt uns Kindern Bescheidenheit. 50 Pfennig sind ein Vermögen! Ohne Fernsehen, aber mit Büchern groß geworden. Eine Jugend im geteilten Berlin. Spannend die Kultur, Freunde, Wechselkurse. Der Schock: 1961, Bau der Mauer. Von einem Tag zum anderen abgeschnitten und die Erkenntnis, dem System ausgeliefert zu sein. Hochzeit ohne Freunde. Die Mode bringt neue Perspektiven. Als Mannequin für das Modeinstitut entdeckt, Reisen, Modenschauen, Fototermine. Ein bißchen Freiheit, fast privilegiert. Dann Wunsch nach künstlerischer Verwirklichung. Studium: Typografie-Design und ausgefüllt mit kreativer Arbeit. 9. Nov. 1989, der Paukenschlag. Als Berliner fast ein halbes Menschenleben »die Mauer« vor der Tür! Jetzt ist sie offen! Freuen wie ein Kind. Das Schlagwort »Wahnsinn« in vielerlei Hinsicht wurde Wirklichkeit. Firmen, Verlage, sterben. – Arbeitslos – ! Mit erlerntem Selbstbewußtsein neue Aufgaben suchen, ohne abzuwarten. Es kann nur noch spannender werden.

Für eine Berlinerin, die im Ostteil der Stadt lebte, ist mein heutiges Lebensgefühl mit der Wende zu dem geworden, was wir immer erhofft hatten: frei zu sein. Zuerst war der Mauerbau ein tiefer Einschnitt, von einem Tag auf den anderen war ich vollkommen orientierungslos. Als Model hatte ich einen interessanten Beruf und konnte auch reisen, meistens in die sozialistischen Länder, manchmal auch ins westliche Ausland.

Mein Mann und ich hatten im Hinterkopf immer die Idee, irgendwie wegzukommen. Es hat mindestens zwanzig Jahre gedauert, bis wir gemerkt haben, daß es aussichtslos war und wir uns darauf einrichten mußten, es zu lassen. Dann kam plötzlich die Wende, wir konnten es überhaupt nicht fassen. Wir hatten alles, unsere Ehe lief gut, wir hatten einen wunderbaren Freundeskreis und nicht die Absicht, jetzt wegzugehen. Dann ging das Modeinstitut, für das ich arbeitete, den Bach runter, wie man so sagt. Also suchte ich mir etwas Neues. Ich arbeitete in mehreren Verlagen, die ebenfalls aufgeben mußten. Für meinen Mann stand fest, sich seinen lebenslangen Wunsch nach Selbständigkeit zu erfüllen, und wir steckten unsere ganze Energie in die Gründung seines Dentallabors. Zu der Zeit war ich arbeitslos und wußte inzwischen, daß man vollkommen neue Wege gehen mußte. Ich mußte mich von dem Gedanken lösen, einen Arbeitsplatz zu bekommen, den ich dann zwanzig Jahre behalten würde. So orientierte ich mich im kaufmännischen Bereich und hatte Glück bei einer Düsseldorfer Firma, die in Berlin eine Filiale hatte. Leider ging auch diese Firma in Konkurs. Wieder bewarb ich mich und hatte Erfolg. Ich arbeite jetzt hier in Berlin, der Sitz des Unternehmens ist in Neuss. Das, was für viele Leute aus dem Osten heute vielleicht schwierig ist, nämlich nicht mehr alles vorgesetzt zu bekommen, kommt mir entgegen, und ich habe Freude an der Verantwortung, die ich nun habe.

Wir können nicht klagen, sind nicht depressiv gestimmt, und früher ging es mir im Grunde auch nicht besser oder schlechter, auch wenn einen natürlich manche Dinge deprimierten. Zum Beispiel, daß eigene Gedanken und Ideen bei uns nicht gefragt waren und mein Mann deswegen von der Uni geflogen ist. Heute deprimieren mich eher diese bürokratischen Strukturen. Das muß scheinbar das Deutsche sein: Je mehr Formulare, desto interessanter. Ein bißchen Sorge mache ich mir wegen der Rente; ob später noch alles bezahlbar sein wird.

Wenn ich darüber nachdenke, was meinen Lebenssinn ausmacht, freue ich mich zunächst über meine gute Gesundheit und meine Fähigkeit, das Leben zu genießen. Ich brauche nicht nur Hausfrau zu sein, kann mit Freundinnen ausgehen und freue mich jeden Tag auf

Karin Darger

meine Arbeit, die sehr vielseitig ist. Nach vorne schauend freue ich mich allerdings auch auf die Zeit, wenn ich nicht mehr arbeiten muß und wieder Zeit für meine anderen Interessen habe wie Malen und Fotografieren.
Wichtig in meinem Leben sind mir neben der Gesundheit meine Familie, das Leben in der Großstadt und meine Pflanzen, die ich sehr brauche. Eigentlich ist der Sinn des Lebens auch, daß man etwas Schönes lesen kann. Heute stimmt es mich manchmal traurig, daß die Buchkultur sehr oberflächlich geworden ist. Zu DDR-Zeiten hat man auf schlechtem Papier gute Bücher gemacht, mit phantastischen Grafiken, Illustrationen und wunderbarer Typografie. Heute bleibt die Ästhetik oft auf der Strecke.

Alleine zu leben, kann ich mir nicht vorstellen, ich habe eine sehr enge Partnerschaft, in der ich ausreichend Freiheiten habe. Meinen Mann kenne ich schon seit vierzig Jahren, seit fünfunddreißig Jahren sind wir verheiratet. Wir haben uns immer sehr gebraucht. Er ist mir der nächste Mensch und Vertrauenspartner. Das Wichtigste ist für mich, daß man über alles redet. Viele Paare reden ja gar nicht miteinander. Wir wissen voneinander, daß wir uns nicht betrügen würden, sind füreinander da, wenn es Probleme gibt, sind stolz aufeinander und haben im Prinzip alles, was wir brauchen. Unser sexuelles Verhältnis ist gut, vielleicht ist man ruhiger geworden, aber im Grunde kann man alles heute viel besser leben.

Ich kann überhaupt nicht poltern, also mit Aggressionen umgehen. Zum Glück habe ich es noch nie erlebt, daß jemand mir gegenüber aggressiv aufgetreten ist, ich finde es schrecklich. Ich habe ein großes Harmoniebedürfnis. Aggressionen sind für mich unvorstellbar, ich kann weder schreien, noch brüllen oder mich aufregen. Ich ziehe mich sofort zurück. Vielleicht ist das ein Mangel, ich weiß es nicht, aber ich meide zum Beispiel auch Massenveranstaltungen, das ist für mich alles ein Horror.

Mein Beruf hat für mich einen sehr hohen Stellenwert, und gerade als Frau finde ich es sehr wichtig, einen Beruf zu haben. In der DDR war es sowieso selbstverständlich, jeder Beruf war den Frauen zugänglich, die konnten Traktorfahrer werden oder sonst etwas. Das war sehr gleichberechtigt, auch wenn der Mann den Haushalt den Frauen überließ.

Mit Männern kann ich viel besser zusammenarbeiten als mit Frauen und habe mich mit ihnen immer phantastisch verstanden. Vielleicht liegt das daran, daß ich keine Kinder habe, keinen Putzfimmel und einfach andere Interessen. Natürlich habe ich Freundinnen, vor allem eine ganz feste und einen sehr großen Freundes- und Bekanntenkreis. Aber auch mit Männern habe ich Freundschaften, auch mit Paaren, mit und ohne Kindern. Freundschaften haben einen hohen Stellenwert, früher zu DDR-Zeiten einen noch höheren, weil man sich nur zu Hause frei unterhalten konnte.

Als Frau sind wir in dieser Generation sehr vom Krieg und der Nachkriegszeit geprägt. Ich hatte das Glück, in einem Haus großzuwerden und in der Natur. Wir waren sehr sparsam. Ich hatte nur ein Paar Schuhe und trug die Kleider meiner Schwester auf, aber ich habe das nie als Nachteil empfunden. Die Eltern hatten wenig Geld, und meine Mutter hatte, so lange ich denken kann, nur einen Wintermantel, das ging auch. Was unsere Mütter alles erlebt haben, die konnten ranschaffen und organisieren, sie waren sehr stark, und das hat uns wohl geprägt.

Meine Eltern hatten eine sehr gute Ehe, meine Mutter war Künstlerin, mein Vater Kaufmann und ein Hans-Dampf-in-allen-Gassen. Er liebte es, zu kochen, während meine Mutter Klavier gespielt hat oder er brachte uns sonntags das Frühstück ans Bett, und wir frühstückten dann alle im großen Ehebett meiner Eltern. Es gibt keinerlei negative Dinge, wenn ich an mein Elternhaus denke, außer, daß mein Vater so früh gestorben ist, als ich siebzehn war. Aber nach seinem Tod haben wir drei Frauen richtig zusammengehalten. Wir haben das Haus instand gehalten, den Garten gepflegt, wir haben alles selbst gemacht.

Den Krieg habe ich noch erlebt, ich war 1943 drei Jahre alt, als auf unsere Straße eine Bombe herunterging. Unser Haus blieb verschont, aber das gegenüber war Schutt und Asche. Mein Vater war im Krieg, und meine Mutter praktisch der Mann im Haus. Meine Großeltern waren damals auch bei uns, weil sie schon ausgebombt waren. Danach gingen wir nach Dresden, wo meine Tante lebte. Aber natürlich kamen wir vom Regen in die Traufe. Nach den Angriffen dort mußten wir Dresden verlassen, und auch diesen Anblick vergesse ich nie. Wir wurden nach Bayern evakuiert und lebten dort drei Jahre, bis mein Vater aus der Gefangenschaft zurück war. Heute träume ich noch viel von Eisenbahnen, ich verreise dann mit meiner Mutter. Wenn es heute noch einmal Krieg gäbe, wäre das das Schlimmste für mich. Ich denke dann vor allem an Frauen, Kinder und alte Menschen. In gewisser Weise haben mich also beide Zeitrechnungen geprägt: die Nachkriegszeit und diese sogenannte Ost-West-Zeit, die ja auch ein großer Einschnitt war, denn man mußte sich doch sehr einschränken. Das ist etwas, was ich heute ganz gut verwenden kann, denn ich bin nicht zu anspruchsvoll und kann leicht auch mal etwas zurückschrauben. Und diese Zeit wird wohl noch einmal kommen, in der wir uns wieder etwas einschränken müssen.

Das Älterwerden des Körpers ist für mich ein natürlicher Prozeß; ich denke nicht darüber nach, ob meine Oberschenkel ein bißchen wellig werden. Durch meinen Beruf weiß ich mich vorteilhaft zu kleiden, aber ich habe mit all dem, was damit zusammenhängt keine Probleme, so ist nun einmal das Leben. Wenn man auf die sechzig zugeht, kann man ja wohl ein paar Falten verkraften. Ich lebe sehr gesund, bin sehr körperbewußt und nehme das so, wie es eben kommt. Ich denke da immer an meine Mutter.

Über das Altwerden mache ich mir schon ein wenig Gedanken, habe aber noch keine konkreten Pläne. Vielleicht werden wir uns eine kleinere Wohnung suchen und uns von allem Unnötigen trennen. Gerne würde ich so wie meine Eltern sterben, mein Vater starb an einem Herzschlag. Meine Mutter lebte dann bei meiner Schwester, meine Schwiegermutter bei uns, wir haben sie über zehn Jahre bei uns wunderbar gepflegt. Ich liebe alte Menschen, vielleicht, weil ich mich auch nie ganz von den Eltern abnabeln konnte. Auch bei meiner Mutter, die 1993 gestorben ist, waren wir bis zur letzten Sekunde. Es war wunderbar zu erleben, daß beide Mütter in der Todesstunde noch so einen wachen Geist hatten und dann in Würde sterben konnten. Ich möchte niemandem zur Last fallen, einfach irgendwo umfallen, ohne etwas davon zu merken, das wünsche ich mir.

Meine Wunschlebensform war es lange Zeit, in einem Haus an der Küste zu wohnen. Aber je älter man wird, desto mehr verliert sich der Gedanke, dann freut man sich über die Wohnung in der Stadt und über die Nähe zu Kino und Theater. Für meine Zukunft wünsche ich mir, daß mein Mann und ich gesund bleiben, daß ich in meinem Beruf weiterarbeiten kann, und daß wir unsere Familie und Freunde behalten. Zukunftsangst habe ich keine, dazu sind wir Frauen zu stark.

GERDA DASSING
KÜNSTLERIN UND PSYCHOTHERAPEUTIN,
JAHRGANG 1941

Ich liebe den Montag, weil es da beginnt

Geprägt hat mich der Wandel, der ewige Rhythmus des Lebens, dem ich mich hingab wie ein ungeschliffener, kantiger Stein, der ins Meer fällt. Ausgeliefert dem immerwährenden Auf und Ab der Wellen. Anfangs unwillig und widerspenstig – jeder Stoß tut weh. Doch allmählich werden die Bewegungen abgestimmter. Außen und Innen werden eins. Der Stein wird rund.

Heute und jetzt fühle ich mich sehr kraftvoll und bin in mir zu Hause. So wie durch einen Sturm gebeutelt, den ich aber gut überstanden habe. Und das macht mich ein bißchen stolz. Ich denke, daß jeder einen Lebenssinn hat und bin froh, für mich ein Zipfelchen davon entdeckt zu haben. Ich sehe mich als eine Art Vermittlerin zwischen dem, was ich schenken möchte und dem, was andere Menschen brauchen, was ich also von meiner Lebenserfahrung und Lebenserkenntnis an andere weitergeben kann. An unserer Generation ist mir aufgefallen, daß wir unter dem Planeten Pluto im Löwen geboren sind, ein Planet, der sehr langsam läuft. Pluto im Löwen steht für Menschen, die gerne ihr Lebensgefühl äußern, und die etwas Handfestes machen möchten, die gut organisieren können und einen unbändigen Lebenswillen haben. Leben um jeden Preis. Ohne Zögern, ohne Zurückhaltung und ohne Scheu, sich ganz und gar einlassen, auch einbringen.

Bei meiner Wunschlebensform bin ich nicht festgelegt. Ich würde gerne drei Formen ausprobieren: Alleinleben, in einer Partnerschaft und mit anderen zusammen. Ich bin dabei, mich zu entdecken, darum bin ich gerne mit mir allein, aber es ist auch schön im Wechsel: unter Menschen sein und dann auch wieder zu mir zurückkommen. Ganz innen habe ich eine große Sehnsucht, mit einem Partner zu leben, der die gleichen spirituellen Intentionen hat wie ich, so daß wir uns auf derselben inneren Ebene treffen können. Jetzt beginnt die Zeit des Zurückschauens. Ich sehe in meinem Leben einen Rhythmus. Ich kann sehen, wo ich schon überall war und habe festgestellt, daß ich immer wieder Kreise mache, Spiralbewegungen, mich immer wandle. Daß ich immer wieder alles in Frage stelle, mein Lebensschiffchen umdrehe und in eine ganz andere Richtung steuere. Ich habe den Eindruck, daß ich das in gewissen Abständen brauche.

Frau zu sein finde ich sehr schön. Ich habe spät entdeckt, was Hingabe, Mütterlich-Sein, ein großer Schoß für andere zu sein bedeutet. Ich möchte immer für andere etwas tun. Dabei habe ich lernen müssen, daß ich mich nicht vergesse. Dieses aufnehmende Prinzip, ein Hafen oder eine Heimat für jemanden zu sein, das ist für mich Frausein. Ich kann das in meiner Partnerschaft jetzt leben, ohne es abzulehnen. Es ist ja nicht schön, wenn man entdeckt: Ich bin eigentlich nur die Mutter. Aber ich sehe jetzt, daß ich alles sein kann. Das Kind, die Geliebte, die Mutter, und ich genieße das wertfrei. Da ist so etwas wie Ruhe in mir. Es hat sicher mit Reife zu tun, denn als junge Frau war ich sehr ungeduldig und unzufrieden.

Gerda Dassing

Ich habe ein Leben lang den großen Wunsch gehabt, den starken Mann neben mir zu haben, an den ich mich anlehnen kann, die deutsche Eiche. Ich habe ihn nie gefunden, habe eigentlich eher umgekehrt immer gemerkt, daß ich dann die Eiche war. Mein Lebensglück habe ich in der Partnerschaft erst gefunden, als ich aufgegeben habe, nach dieser Eiche zu suchen. In dem Moment war der, der mir am meisten bedeutet, da. Mit dem ich auch am längsten gelebt habe.

Was meine Sexualität angeht, bin ich sozusagen eine Spätentwicklerin. Ich bin lange im Ungewissen geblieben, auch durch elterliche Prüderie. Dann bin ich in eine Ehe gestolpert, in der ich eher hilflos war und habe, obwohl ich zwei Kinder geboren habe, nie einen Höhepunkt erlebt. Ich habe das alles erst nach der Ehe durch Zufall entdeckt. Schön ist, welche Einheit es bedeutet, menschliche Liebe, Herzensliebe und sexuelle Liebe zu verbinden, zu genießen und mich zu öffnen. Jetzt bin ich an einem Punkt, an dem ich mir eine Dimension wünsche, die weiter geht. Die Möglichkeit, Spiritualität und Sexualität zu verbinden und dabei den Körper ganz neu zu erfahren.

Ich bin in einer sehr harmonischen Familie aufgewachsen und hatte eine wunderschöne Kindheit, mit allen Abenteuern, aber doch behütet und beschützt. Das hatte zur Folge, daß ich es natürlich im Lebenskampf, als meine Eltern nicht mehr waren, sehr schwer hatte. Nicht kampferprobt, wenn man so will. Jetzt im nachhinein, meine Eltern sind schon lange tot, habe ich erkannt, daß das auch eine Scheinharmonie war. Meine Mutter hat zugunsten der Harmonie sehr zurückgesteckt, sich gar nicht gelebt. Und mein Vater war sehr dominant. Er hat mich »mein Sonnenscheinchen« genannt, und das war ich sehr gerne. Bis vor kurzem wollte ich immer noch so sein, wie er mich haben wollte, obwohl er inzwischen tot war. Ich habe mich eigentlich erst jetzt so richtig erkannt, nachdem ich mich von meinem Vater nach all diesen Jahren abgenabelt und festgestellt habe, daß ich ja eigentlich eine ganz andere bin. Hinter diesem Sonnenscheinchen ist ja auch noch eine, die ganz böse werden möchte. Das bin ich all die Jahre nie geworden, ich habe es immer umschifft.

Meine Söhne sind jetzt drei- und vierunddreißig. Wir sind nach der Scheidung wie gleichberechtigte Partner miteinander umgegangen. Als sie Mitte zwanzig waren, sind sie unabhängig voneinander zu mir gekommen und haben mir erzählt, was ihnen an meiner Erziehung nicht gefallen hat und was sie gut fanden. Das hat mich sehr berührt. Wir haben eine schöne Beziehung, mit gegenseitiger Achtung voreinander. Ich merke, sie brauchen mich nicht mehr, und das macht mich stolz. Daß ich ihnen aber wertvoll bin, daß sie meinen Rat schätzen, daß sie mich auch suchen, spüre ich. *Mein Beruf hat einen sehr wichtigen Stellenwert* in meinem Leben. Es ist fast eine Leidenschaft, die Arbeit muß mir Spaß machen, und ich muß mich austoben. Ich war so lange Schaufensterdekorateur und Plakatma-  ler, wie es mich erfüllt hat. Dann habe ich im Fernstudium Typografie und Buchgestaltung erlernt, neben Ehe, Kindern und Beruf noch das Grafik-Diplom in Leipzig an der Hochschule für Grafik und Buchkunst bestanden. An die zwanzig Jahre habe ich freiberuflich gearbeitet und Plakate für Kultur und Film gemacht, das gab es zu DDR-Zeiten. Dann kam mit der Wende ganz neue Literatur und damit auch die Astrologie zu mir. Ich habe alles mit Neugierde aufgenommen, das erste Buch gelesen, das zweite, und dann hat es mich gepackt, und ich bin nach Süddeutschland gefahren und habe Astrologie richtig drei Jahre gelernt. Dann die Psychotherapie, immer auf dem Weg zu mir selbst. Das hat mir ganz neue Horizonte eröffnet, und auf einmal wußte ich: Das ist mein Weg, da kann noch so viel mit mir geschehen. So habe ich wieder etwas begonnen: die Psychotherapieausbildung. Die Psychotherapie konnte ich nur ausüben, wenn ich die Heilpraktikerprüfung machte. Es war für mich eine Riesenhürde, all diese medizinischen Begriffe zu lernen, da ich einfach kein Auswendiglerntyp bin. Also habe ich bei einer Ärztin hospitiert und einen Rot-Kreuz-Lehrgang gemacht, um durch die Praxis zu lernen. Ich sehe da den Zusammenhang, daß das, was ich erfahre, für mich auch Bausteine auf dem Weg zu einem neuen Gebiet sind. Jetzt bin ich eineinhalb Jahre in meinem neuen Beruf in eigener Praxis tätig. Ich biete Psychotherapie an und arbeite mit inneren Bildern, bin nach wie vor Künstlerin. So kann ich jetzt meine künstlerische Fähigkeit nutzen, um in den Köpfen meiner Patienten Bilder bauen zu helfen. Sie machen die Augen zu und erleben sich in ihrer Innenwelt, und ich bin diejenige, die die Bühne für den Auftritt der Seele baut. Das erfüllt mich so, daß man fast von Berufung sprechen könnte. Ich liebe den Montag, weil es da beginnt: Da kann ich wieder tätig sein. Der Sonntagnachmittag hat für mich so ein bißchen Lethargie, Stillstand, richtig aufleben tue ich erst, wenn Montag ist, wenn es beginnt, wenn das Leben wieder pulsiert.

Ich weiß, was Aggression auf der Körperebene bedeutet. Sie äußert sich z. B. in Form von Allergien. Allergie ist eine körperliche Hochrüstung gegen einen Feind, der nicht bewußt ist. Der Körper kämpft um das, was man auf der Wirklichkeitsebene nicht bereit ist zu tun, und da bin ich bei mir selbst schon fündig geworden. Ich hatte eine sehr starke Allergie, werde sie immer mehr los, je mehr ich der Sache auf den Grund komme und lerne, Aggression überhaupt zu spüren. Ich hatte sie im Laufe meines Lebens so weit zurück-gedrängt, daß sie überhaupt nicht mehr existent war. Nicht einmal Wut fühlte ich, habe nicht mehr gemerkt, wenn ich gekränkt wurde. Und erst jetzt kann ich langsam spüren, da ist wieder diese Seite in mir, die wütend werden kann. Ich genieße das und lerne wie ein Kind, meine Aggression zu zeigen. Das geht erst mal im Gespräch, daß ich sagen kann, das gefällt mir jetzt nicht. Wie konnte ich das so lange überhaupt nicht leben?

Schönheit war früher fast eine fixe Idee. Ich habe mich sozusagen in jeder Schaufenster-scheibe kontrolliert. So ging es bis zur Mitte meines Lebens. Dann hat sich das ganze nach innen verlagert. Ich habe angefangen, meinen Eigenwert durch Selbsterkenntnis zu suchen. Während ich früher meinen gesamten Verdienst für schicke Kleider ausge-geben habe, ist von dem Zeitpunkt an alles in meine Ausbildung geflossen. Ich habe mich damit wertvoll gemacht, indem ich etwas über mich lernte, indem ich mich entwickelte. Jetzt ist es total verinnerlicht, und ich fühle mich wohl dabei, dazu zu stehen und zu sagen: Ich möchte meine Seele schön machen. Mein Außen vernachlässige ich deswe-gen nicht, aber es hat nicht mehr den Stellenwert. Ich fühle mich innerlich sehr jung, und darum erschrecke ich immer aufs neue, wenn ich in den Spiegel schaue. Ganz naiv entdecke ich meine Falten und denke: Das kann doch nicht wahr sein! Das stimmt doch überhaupt nicht mit meinem Innenleben zusammen. Doch kann ich es auch wieder annehmen. Hier am Steinshof haben wir keine Nachbarn, und man kann im Sommer nackt herumlaufen. Vor fünf bis sechs Jahren bin ich in dem Bewußtsein, daß ich ja älter geworden bin, ums Haus gegangen und habe den warmen Wind auf meinem Körper gespürt, gespürt wie er mich streichelt. Da war es wie eine Erleuchtung: Das kann mir doch keiner nehmen, daß ich gestreichelt werde, daß der Wind da ist, daß dies alles für mich da ist. Meine Sensibilität. Und das alleine zählt. Ich gedenke das, was ich jetzt tue, bis ins hohe Alter, bis ich nicht mehr kann, zu tun. Ich sehe mich so als alte Weise, ganz so wie die, die es früher gab.

Sterben und Tod war für mich in jungen Jahren ein ziemliches Problem. Bei der Suche meines Weges zu mir selbst, in der Mitte meines Lebens, habe ich auch dieses Thema zugelassen und habe mir eine Lebensphilosophie zu eigen gemacht, die den Tod mit beinhaltet. Die besagt, daß das Wertvollste, was in mir gewachsen ist, mir immer erhalten bleibt. Nämlich die Seele und die Intention der Seele. Ich denke, daß ich irgendwann weitermachen kann, genau da, wo ich aufhöre.

Spiritualität war am Anfang meines Lebens überhaupt nicht vorhanden. Ich habe überhaupt nicht daran gedacht, daß es so etwas gibt, so etwas wie ein Innenleben, eine geistige Bewußtwerdung, Bewußtseinserweiterung. Das habe ich alles jetzt erfahren, d.h. ich gehe die ersten Schritte. Es sind Schritte im Innenleben, Schritte in einer Welt, die neu ist und die voller Überraschungen ist. In der zum Beispiel Alter überhaupt keine Rolle spielt, in der ich Kind, Mann, Frau, alles sein kann. Für mich war und ist es immer das Wichtigste, daß ich mich entfalten kann. Mir fällt da ein schönes Bild ein und zwar eine Zeitlupenaufnahme von einer Rose, die sich entfaltet. Diese vielen Blätter, die sich Schicht für Schicht lösen, und manchmal denke ich sogar, warum wir das so betrauern, daß wir Falten bekommen. Das ist doch der gleiche Prozeß, nur umgedreht. Das langsame Zerknittern. In diesem Symbol ist alles enthalten.

MARILA DENECKE
HAUSFRAU, JAHRGANG 1937

Ich habe mich immer als Freifrau gefühlt,
weil ich nicht berufstätig sein mußte

*Sonnige Kindertage – wohlige Geborgenheit.
Zerstörerische Bombennächte – beängstigendes
Erleben. Entbehrungsreiche Hungerzeit – klag-
loses Erdulden. Ausgeübte Musik – gestaltete
Hoffnung. Vermißter Vater – forschende Rück-
schau. Kritisches Hinterfragen – eigene Perspektiven. Faszinierende Menschen – lang-
währendes Engagement. Liberaler Partner
– befreiende Beziehung. Pazifistische Lebens-
haltung – harmonisches Miteinander. Sonnen-
tage – Wohlgefühl.*

ielen Dingen gegenüber habe ich heute eine größere Gelassenheit. Für eigene Interessen hatte ich früher wenig Zeit. Was politische Verhältnisse anbelangt, gilt diese Gelassenheit allerdings überhaupt nicht. Die Frage nach einem Lebenssinn oder einer Aufgabe ist schwer zu beantworten. Weil ich mich in meiner Haut eigentlich immer sehr wohl gefühlt habe, habe ich immer versucht, auch anderen ein positives Lebensgefühl zu vermitteln. Durch die Technisierung und Hektik ist es heute schwierig geworden, Zeit für andere Menschen zu haben. Je schlimmer diese Entwicklung wurde, desto mehr habe ich versucht, dem entgegenzuwirken. So wurde ich auch innerhalb der Familie zum ruhenden Pol. Für mich ist es eine Gnade, so leben zu können. Dadurch ergibt sich nicht nur die Verpflichtung, von meinem inneren Reichtum abzugeben, sondern es ist mir zugleich ein Bedürfnis.

Als Frau habe ich mich immer wohl gefühlt, also haben sich Emanzipationsfragen nicht gestellt. Ich hatte nie das Bedürfnis, es den Männern gleichtun zu müssen, und innerhalb meiner Ehe konnte ich so leben wie ich wollte und wurde nie eingeengt. Ich habe mein Dasein als Ehefrau und Mutter genossen, habe mich nicht benachteiligt gefühlt, auch wenn ich meinen Beruf kaum ausgeübt habe. Bis zum ersten Kind habe ich als Erzieherin gearbeitet. Danach hatte ich das Gefühl, bei dieser Doppelbelastung weder Beruf noch Familie befriedigend gestalten zu können. Mein Mann und ich haben zusammen entschieden, daß derjenige, der mehr Geld verdient, im Beruf bleiben sollte und der andere zu Hause. Nach dieser Entscheidung habe ich mich dann immer als Freifrau gefühlt, weil ich nicht berufstätig sein mußte. Da mein Mann Lehrer ist, hatten wir zusätzlich Zeit für das Familienleben, weil er nachmittags oft zu Hause sein und dann abends wieder arbeiten konnte. In den siebziger Jahren war es in Gesellschaften allerdings häufig schwer, zu sagen: Ich bin Hausfrau. Über das, was Hausfrauen leisten und ihren Kindern mitgeben, wurde kaum geredet, und es wurde und wird auch heute noch häufig unterschätzt.

Wenn ich nicht geheiratet hätte, wäre mein Leben wohl ganz anders verlaufen, dann hätte ich meinen Beruf weiter aufgebaut, Sozialpädagogik studiert. Eine Wunschlebensform, die ich im nächsten Leben anstreben würde, wäre eine Tischlerlehre zu machen und Innenarchitektur zu studieren. Zwar könnte ich mir vorstellen, alleine zu leben, aber das ist kein richtiger Wunsch von mir. Ansonsten fühle ich mich einfach wohl, so wie ich lebe.

An Frauen schätze ich die Fähigkeit, für sich mitten im Leben stehen zu können, während

Marila Denecke

viele Männer eher auf äußere Anerkennung aus sind. Da ich nicht ehrgeizig bin, kann ich Männer schwer ertragen, die glauben, sich profilieren zu müssen. Frauen sind da häufiger praxisbezogen, couragierter und nehmen ihr Leben in die Hand. Das kann man ebenso auf den privaten Bereich übertragen, denn auch dort sind die Frauen meistens die aktiven, während die Männer sich nach Beruf und Karriere ausrichten und auf die Anerkennung von Frauen hoffen.

Ich habe einige Freundinnen, die ich regelmäßig treffe und mit denen ich über persönliche Dinge rede. Ebenso gibt es befreundete Paare. Seitdem ich meine Arbeit mit Asylbewerbern begonnen habe, haben wir auch ausländische Freunde. Zwischen all diesen Freundschaften muß ich allerdings manchmal schauen, wie ich meine Zeit sozusagen auf alle verteile, und ich mußte lernen, mich abzugrenzen, weil sonst einfach die Zeit nicht reicht. Einzelne Männerfreundschaften habe ich eigentlich nicht. Die Familie hat für mich gegenüber den Freundschaften den höheren Stellenwert.

Mein Mann und ich sind seit 1960 verheiratet, und wir wohnen seitdem in meinem Elternhaus. Ich fühle mich hier sehr wohl und habe keinerlei Bedürfnis nach großen Reisen oder ähnlichem. Immer noch erleben wir in unserer Ehe sehr viel gemeinsam. Wir machen Musik zusammen, lesen uns gegenseitig etwas vor, gehen ins Theater und so weiter. Daneben hat jeder seine eigenen Bereiche. Ich helfe zum Beispiel Asylbewerbern und habe mein Hobby, das Silberschmieden. Mein Mann engagiert sich im Naturschutz und ist Imker. Wenn wir zusammen sind, dann leben und gestalten wir den Alltag, häufig zusammen mit unserer Familie, jetzt, wo es kleine Enkelkinder gibt. Wir haben schon immer sehr harmonisch zusammen gelebt und uns fast nie gestritten. Wir können alles miteinander besprechen, keiner behindert den anderen. Da bleiben nicht viele Wünsche offen.

Erotik und körperliche Zuneigung sind uns nach wie vor wichtig, und wir haben immer noch Freude aneinander. Mein Mann und ich haben uns gemeinsam entwickelt. Ich bin ohne Vater, aber dennoch sehr behütet aufgewachsen. Ich hatte kein väterliches Vorbild, und vielleicht habe ich gerade deswegen einen so liberalen Mann an mich gebunden. Die Ehe habe ich immer als freies Leben erlebt.

Das Älterwerden des Körpers fängt bei mir eigentlich gerade erst an, und kleinere Einbrüche kommen schon einmal vor. Es gibt ja diesen Spruch: Wenn Du morgens aufwachst, und Dir tut nichts weh, dann bist Du tot! Im Moment lasse ich noch alles auf mich zukommen und weiß für die nähere Zukunft nur, daß ich mich nicht herausputzen werde. Ich hoffe, daß ich, wie bisher, gut damit leben kann, wenn mein Körper alt wird.

Über die Organisation unseres Alters haben wir uns schon Gedanken gemacht, gerade, weil wir meiner Mutter versprochen hatten, sie zu Hause zu pflegen, und das auch getan haben. Grundsätzlich denken wir, daß derjenige, der zurück bleibt, ins Altersheim zur Pflege gehen wird, aber es ist schwer, so etwas zu planen. Ich möchte meinen Kindern nicht zur Last fallen, und im Grunde möchte ich unabhängig bleiben, insofern denke ich mir, eine neutrale Instanz hätte ihre Vorteile.

Rein äußerlich habe ich ein ähnliches Leben geführt wie meine Mutter, einfach dadurch, daß ich Hausfrau geworden bin. Aber von dem Erziehungsstil meiner Mutter habe ich mich schon früh abgesetzt und habe – mit vielen Heimlichkeiten – versucht, mein eigenes Leben zu führen. Manche Dinge habe ich aber auch in unsere Familie übertragen, zum Beispiel das gemeinsame Musizieren.

Das Verhältnis zu meinen Kindern ist gut und freundschaftlich. Auf Besuchsbasis, würde ich sagen. Ich bin keine Mutter, die es braucht, ständig mit ihnen zu telefonieren. Wenn ich weiß, daß es ihnen gut geht, und sie ihr Leben leben, dann klinke ich mich nicht ein. Wenn ich merke, es geht ihnen schlecht, dann helfe ich und stehe zur Verfügung.

Aggressionen versuche ich durch Gespräche zu regulieren. Als ich jünger war, bin ich eher einmal explodiert, aber das muß ich heute nicht mehr. Auch wenn mir gegenüber Aggressionen ausgeübt werden, kann ich das ansprechen. Ich bleibe ruhig, allerdings mit etwas harscherem Tonfall. Aber ich bin überzeugt, daß ein Gespräch die gegenseitigen Positionen klären kann und beide Seiten zu einer akzeptablen Regelung kommen können.

Ich habe festgestellt, daß mich das Thema Krieg heute nicht mehr so belastet und mich nicht mehr mit Schuldgefühlen erfüllt. Heutzutage gibt es um uns herum so viel Krisengebiete, Elend und Not, daß das gesamte Thema Zweiter Weltkrieg innerlich eher in den Hintergrund tritt. Der Krieg und die Nachkriegszeit haben mich stark geprägt. Als Kind hatte ich natürlich Angst, wenn Bomben einschlugen oder Fensterscheiben klirrten. Aber begriffen, was da eigentlich passierte, habe ich erst Anfang der fünfziger Jahre. Die Nachkriegszeit war voller Entbehrungen, auch wenn ich eigentlich zu klein war, um diese Not zu begreifen. Es gab keine Feuerung, wir hatten Frostbeulen, mußten Kartoffeln buddeln statt zu spielen, und hatten immer zu wenig zu essen. Wenn es Mehlsuppe mit Zucker gab, dann war das schon etwas Besonderes. Ich erinnere mich noch gut daran, daß die Pellkartoffeln abgezählt wurden, und ich als Jüngste immer zwei weniger als die anderen bekam, obwohl ich genausoviel Hunger hatte. Manches hat sich aus dieser Zeit bis heute fortgesetzt, zum Beispiel, daß ich aus allem noch etwas machen könnte oder Vorräte sammle. Zwar nicht in einem solchen Ausmaß wie meine Eltern, aber gewisse Verhaltensweisen sind noch da. Deswegen passe ich vielleicht nicht so in diese Wegwerfgesellschaft oder bin keine Anhängerin des Wachstumsdenkens. Ich glaube, das System ist bald überdreht. Unsere Kinder sind ja als regelrechte Wohlstandsbabys aufgewachsen, aber ich habe immer versucht, etwas gegenzusteuern.

Wichtig ist mir vor allen Dingen Frieden, daher lebe ich nach dem Grundsatz, mir Zeit für Menschen zu nehmen. Das empfinde ich als Privileg. Politik ist mir als solche sehr unangenehm, weil so viel Unehrlichkeit im Spiel ist. Bei vielen Politikern habe ich das Gefühl, daß sie wegen einer Profilneurose in die Politik gehen und nicht aus innerem Engagement. Ich glaube in gewisser Weise daran, daß die Menschen nicht auf sich alleine gestellt und nur von sich abhängig sind. Meine Einstellung, mein Leben als Gnade anzusehen, kommt schon irgendwoher, auch wenn ich nicht sagen kann, daß ich an einen Gott oder gar an ein Leben nach dem Tod glaube. Wenn ein Mensch stirbt, dann ist es vorbei, so wie mit jeder anderen Kreatur. Daß ein Mensch noch in der Erinnerung der anderen weiterlebt, kann ich akzeptieren, aber nicht dieses Himmel-Hölle-Denken. Als Mensch sollte man versuchen, damit zu leben, daß dieses eine Leben irgendwann abgeschlossen ist, und danach nichts mehr kommt. Alle Hoffnung auf ein ewiges Leben ist wohl eher von der Angst vor dem endgültigen Aus diktiert.

Eva Maria Hagen
Schauspielerin, Sängerin, Autorin,
Jahrgang 1934

Das Leben macht sowieso, was es will

Die Bilder während der Flucht habe ich fast vergessen – oder verdrängt. Einzelne Szenen tauchen auf aus der Tiefe: wie Frauen sich das Gesicht mit Asche beschmieren, damit sie alt aussehen, damit die Russen sie nicht vergewaltigen. Oder wie ich und meine Geschwister, ein ganzer Kinderchor darauf getrimmt war, aufs Stichwort hin mechanisch loszubrüllen. Wir waren lauter als die Sirenen bei Fliegeralarm – und haben die Feinde damit oft in die Flucht geschlagen. Daher habe ich bestimmt meine kaum zu erschütternden Stimmbänder zurückbehalten. Zwischen dem Vor und Zurück der Fronten habe ich Bilder im »Kasten«, wie aus Grimmschen Märchenbüchern: Ein deutscher Soldat, ein ganz junger, liegt auf der Straße, lächelnd, wo wir mit unseren Handwagen vorbeiziehen. Er hat einen roten Punkt auf der Stirn. Die Frauen tragen ihn ins grüne Gras. Ein Kind wird von einem rasenden Ungetüm erfaßt und durch die Luft geschleudert. Alle Glieder sind verdreht. Die Mutter sitzt versteinert am Wegrand, über den Jungen gebeugt. Tränenlos. Ein Häuflein »Feinde«, rauchend, sitzt im Hintergrund.

Mein heutiges Leben wird von mir, im Gegensatz zu früher, eher in Zeitlupe wahrgenommen, trotzdem verrinnen die Tage: Kaum ist die Sonne aufgegangen, ist sie
schon wieder am sinken. Und die stillen Abende laden ein zum Besinnen oder dazu, sie
für etwas anderes zu nutzen. Jedenfalls suche ich häufiger die Ruhe, meide laute Musik
und Krach, das Blaba auf irgendwelchen Partys. Natürlich unterliegt mein Lebensgefühl
auch Schwankungen, wie bei fast allen Menschen, aber mein Antriebsrad ist gnadenlos,
die Pferdestärken meines Motors verlangen ihre Umdrehungen, das Material will belastet werden, der Geist braucht Inspiration, die Phantasie ihr Blütentreiben, die kreative
Ader in mir hat Lust auf Schöpferisches, auf die Umwandlung einer Idee in anfaßbare,
hör- und lesbare, sicht- und fühlbare Dinge wie Bilder, Briefe, Lieder. Oder ein Festmahl
bereiten, das Nest winterfest machen für die Jungen.

In erster Linie bin ich Schauspielerin und Sängerin. Beides wollte ich schon als Kind werden. Meine Arbeit ist für mich wichtig, wie die Liebe. Eins ohne das andere wäre nicht
vollständig, würde veröden. Liebe, Beruf, Freunde sind die Lebenselixiere. Auf der Bühne
muß ich viel von mir geben, mich völlig ausliefern. Die Blicke des Publikums sind sehr
direkt, neugierig, abwartend, die Fühler ausgefahren. Wenn man auf der Bühne versagt,
bedeutet es für Künstler im übertragenen Sinne den Tod. Es ist jedesmal eine Herausfor-
derung, ein Balanceakt, den richtigen Ton zu treffen, den schmalen Grat zwischen Ab-
und Aufstieg zu halten. Und dabei du selbst zu bleiben, dich zwar zu ändern, aber dir treu
zu bleiben. Es ist, man kann sagen, eine besondere Liebesbeziehung, die sich entwickelt
zwischen Publikum und Interpreten, ein Sich-Annähern, und plötzlich springt der Funke
über, man lacht und weint zusammen, die Schauer rieseln, Liebe entsteht. Ich glaube,
durch die Bühne, das Singen, Spielen und Unterwegssein bin ich in meinen Ansichten und
Gefühlen jünger geblieben als ein großer Teil der Frauen meines Alters. Mein Fühlen und
Denken wird durch den Beruf wachgehalten und neu herausgefordert.

Über den Sinn des Lebens mache ich mir nicht mehr allzuviele Gedanken, das wäre Unsinn.
Man muß jeden Tag frisch ans Werk gehen und die im Wege liegenden Dinge anpacken,
anfallende Probleme versuchen zu lösen, darin sehe ich eine Möglichkeit, sich nicht zu
verirren im immer dichter werdenden Dickicht der Städte. Mir sind auch die kleinen Dinge
des Alltags wichtig, scheinbar unscheinbare Momente, Bewegungen in der Natur, der Gang
zum Grab eines Freundes, Innehalten, Staunen über den Fortschritt von Wissenschaft und

Eva Maria Hagen

Technik. Selbst ich käme kaum noch ohne Computer zurecht, dazu Handy, Fax, und was noch alles über uns hereinbrechen und nicht aufzuhalten sein wird durch den ›Zauberlehrling‹ Mensch. Oft habe ich Lust, ganz im hinteren Teil des Gartens dieser Erde zu leben, zu malen, zu säen, zu ernten, ganz dicht an der Natur zu sein; unbeobachtet, unauffällig. Das wäre auch so eine Wunschlebensform von mir. Ich stand ja immer irgendwie unter Beobachtung durch die Staatssicherheit – wie ich nach Öffnung der Akten in der Gauckbehörde nachlesen konnte, wo alle Details meines bewegten Daseins festgeschrieben sind – auch durch das Publikum, natürlich auf angenehmere Weise. Wenn man so bekannt ist wie ein bunter Hund, wie ich einst in der DDR, überall erkannt wird, auf der Straße, im Vorübergehn, trägt man unbewußt verschiedenerlei Masken, Schutzkleidung gegen Verletzungen.

Eine weitere Wunschlebensform ist die große Familie, in der jeder seinen abgeschlossenen Raum hat und im direkten und indirekten Sinne sein eigenes Ich leben kann. Gleichzeitig hätte jeder durch die Gruppe einen Zusammenhalt. In meiner Phantasie gibt es auch ein märchenhaftes Bild von einem Mann, mit dem ich lebe, der mich versteht, ohne mich zu vereinnahmen oder zu dirigieren. Das findet man in der Realität nur für eine kurze Weile. Aber diese Weile, erinnere ich mich, kann mitunter auch länger dauern: sieben kurzweilige Jahre; das passierte mir dreimal im Leben.

In der DDR, die mehr oder weniger ein zurückgebliebenes Dorf war, was Moral und Emanzipation im weitesten Sinne betraf, kannte jeder fast jeden, mußten die Frauen mehr Zugeständnisse machen als im Westen; der Mann bestimmte was Sache ist. Ich war von klein auf Außenseiterin, eine Art Paradiesvogel, bei Volk und Obrigkeit beliebt. Zirkusleute, Schauspieler, Künstler – wenn sie sich nicht in die große Politik einmischten – hatten mehr Freiheit: Narrenfreiheit. Aber sobald sie kritischer wurden, aufmüpfig, kamen die Drohgebärden, klapperten die Herren mit den Instrumenten, war die Inquisition zur Stelle. Ich habe es am eigenen Leib erfahren, im Privaten, wie auf gesellschaftlicher Ebene.

Die Frau in der Sozialistischen Gesellschaft durfte, konnte, mußte arbeiten, sonst hätte es hinten und vorne nicht gereicht für die Familie. Der Arbeitsplatz im Betrieb, das Kollektiv, war außerdem so etwas wie eine Kommunikationsstätte, die Spinnstube von einst, man war nicht allein. Frauen auf höheren Ebenen der Gesellschaft, in entscheidenden Positionen, kamen jedoch kaum vor. Da gab es ein paar Alibifrauen wie Margot Honecker beispielsweise, Minister für Bildung und Erziehung, Gattin des Oberhäuptlings, welche für die berüchtigten Jugendwerkhöfe zuständig war, auch eine Justizministerin, die eisern ihren »Mann« stand, also der Parteidisziplin unterlag, aber sonst ... Trotzdem habe ich mein Frausein reichlich ausgekostet und gelebt. Aber meinen Weggang aus der DDR kann ich nicht allein unter dem Blickwinkel ›Frau‹ betrachten, sondern ausschließlich als Mensch. Und als dieser konnte ich dort nicht mehr bleiben: Es gab keine Existenzmöglichkeit für mich. Im Westen mußte ich 1977 ganz von vorne anfangen. Die  Gesellschaft war mir fremd. Ich hatte mehr oder weniger meine Identität verloren. Meine Wurzeln waren gekappt, ich mußte mich neu orientieren, die Fühler ausfahren – und meinen Platz in der Welt finden.

Es gibt für mich keinen Unterschied, ob ich mit Männern oder Frauen zusammenarbeite, wenn sie kompetent sind, wissen, was sie wollen. Allerdings habe ich mehr mit Männern zu tun gehabt, weil Frauen als Regisseure noch dünn gesät waren zu meiner Hoch-Zeit.

Freunde sind ganz wichtig in meinem Leben, letztendlich wichtiger als ein Geliebter, der sich über Nacht in Luft auflösen kann. Wenn man dann niemanden hat zum Anlehnen ... Meistens war es bei mir so, daß Liebe und Leidenschaft sich in Freundschaft umwandelten. Wolf Biermann und ich sind bereits ein halbes Leben lang enge Freunde und wissen, daß wir uns aufeinander verlassen können. Gerade hat er mir wieder ein kostbares Geschenk gemacht: drei wunderschöne jiddische Lieder, die er ins Deutsche gebracht hat.

Auf die Weise habe ich Schätze, ›Rohdiamanten‹ aus der ganzen Welt zusammengetragen, denen er einen eigenen Schliff gibt, damit ich sie singen kann und mein Publikum damit erfreuen. Auf der Bühne bekomme ich sehr viel von dem, was ich brauche für den Gefühlshaushalt. Darum kann es auch sein, daß ich nach einer Liebe erst einmal eine Strecke alleine gehe, um neuen Atem zu schöpfen. Der Schmerz ist dennoch unvermeidlich, wenn man sich trennt.

Mit Aggressionen kann ich inzwischen ganz gut umgehen, ich schlucke sie nicht hinunter, sondern schlage wortwörtlich Krach. Oder singe. Es kommt auf das Temperament des Gegenüber an. Wo andere zuschlagen würden, geh' ich zur Seite und lasse den andern sich austoben, nehme ihm so den Wind aus den Segeln, um nicht Mord und Totschlag zu provozieren. Mein Instinkt tippt mir wohl die entsprechenden Daten meines Verhaltens ins Gehirn. Naja, das war nicht immer so. Ich war einst ziemlich unberechenbar. Aber jetzt, wo ich mich dem Fach der weisen Alten nähere ...

Den Krieg habe ich als böses, mitunter phantastisches Märchen in Erinnerung. Ich seh' noch, wie der Himmel abends rot glühte, die Front von Osten her näherrückte: ein Feuerwerk, tanzende Weihnachtsbäume, Wunderkerzen, Blitz und Donner, abstürzende Eisvögel. Wir waren verhältnismäßig arme Leute, aber haben keine Not gelitten, materiell gesehen. Ich habe es sogar als ein reiches Leben empfunden, die Spiele mit anderen Kindern, meinem Bruder, der mein Beschützer war, ich sein Schutzengel, die kleinen Abenteuer in der Dämmerung, das durststillende Wasser dort im Dorf. Die Bilder während der Flucht habe ich fast vergessen oder verdrängt. Nur einzelne Szenen tauchen auf aus der Tiefe: Einmal wollte ein betrunkener Soldat, weil meine Mutter sich weigerte mitzugehen, uns alle erschießen. Wir standen aufgereiht an der Hauswand, und der Russe zielte taumelnd auf uns, plötzlich schmiß er sein Gewehr weg, weinte, wie ich das noch nie bei einem Erwachsenen gesehen hatte: Seine ganze Familie war von den Deutschen umgebracht worden, sagte er schluchzend, aber er würde nicht Frau und Kinder töten. All diese Erlebnisse haben mich sicher geprägt, ihre Spuren hinterlassen. Jedenfalls weiß ich, daß ich in kritischen Situationen nicht in Panik gerate, sondern eher ruhig werde. In wirklich gefährlichen Momenten ist mein Reaktionsvermögen blitzschnell, der Instinkt intakt.

Ich glaube nicht, daß die Eltern allein die Kinder prägen oder die sogenannte Erziehung. Ich hatte keine Erziehung. Es sind die Umstände, Veranlagung, die Sinne, das Gespür, die den Weg, die Richtung bestimmen. Und Zufälle. Ich wußte schon früh, daß ich nicht so leben wollte wie meine Mutter, hatte einen ungeheuren Lebenshunger, den tiefen Glauben daran, mir eine eigene Welt zu schaffen. Entweder wollte ich zum Zirkus oder Tänzerin werden, singen, schauspielern, am liebsten alles zusammen. Schon als junges Mädchen bin ich ausgerückt, war nicht aufzuhalten: wie ein in freier Wildbahn geborenes Tier, das seine Fährte selbst sucht. Deshalb weiß ich auch, daß die Nachkommen, Kind und Kindeskinder, ihre Lernprozesse durchmachen müssen, eigene Erfahrungen sammeln, den Schmerz erleben, im kleinen wie im großen Sinne, das Zurechtkommen mit dem anderen Geschlecht. Und wenn sie dabei verbrennen, abstürzen, du kannst es nicht verhindern. Laß sie laufen, untertauchen, fliegen, nach eigener Fasson glücklich werden – auch, wenn es nicht nach deinem Geschmack ist, sonst machst du dich selbst verrückt und kannst dein eigenes Leben nicht mehr richtig leben.

Das Verhältnis zu meiner Tochter Nina und meiner Enkelin Cosma ist wie das Aprilwetter, auch wenn das Grundgefühl sehr stabil ist: Es sind diese kleinen aus heiterem Himmel krachenden Sommergewitter, ein Platzregen folgt, dann wieder Sonnenschein. Zum Glück sind wir alle drei so veranlagt, daß wir nicht nachtragend sind oder lange grollen. Wir müssen uns gar nicht so oft sehen, und spontane Besuche oder Anrufe sind mir wesentlich wichtiger als höfliche.

Mit dem Älterwerden habe ich wenig Probleme. Da ich schon immer sportlich war und es auch für die Bühne wichtig ist, beweglich zu bleiben, mache ich täglich Lockerungsübungen. Ich habe keine großen Wehwehchen. Wenn was weh tut, ist es meist die Seele.

Im Umgang mit Gedanken über Sterben und Tod ist mir die Phantasie oft eine hilfreiche Helfershelferin. Trotzdem denke ich manchmal, hätte ich doch noch meinen Kinderglauben oder wenigstens diesen Enthusiasmus aus der Jungmädchenzeit, als eine neue Zeitepoche angebrochen war, der Kommunismus versprach, die Welt zu verändern, die Menschheit von Hunger, Krieg und Ausbeutung zu befreien. Diese Drachentöter aber wurden selber Drachen, zwangen die Untertanen ins nächste Joch, ernannten sich zu Göttern auf Erden, haben mich enttäuscht. Mitunter beneide ich Leute, die ihre Religion haben, dort Halt finden, Trost, neue Hoffnung. Aber ein Phänomen kann dem Menschen nicht geraubt werden: die Fähigkeit zu träumen.

Das Leben ist phänomenal. Als Mensch geboren worden zu sein betrachte ich als ein Wunder. Man kann sich freuen, daß die Natur es so eingerichtet hat, daß der Herzschlag irgendwann einsetzt und wieder im Kreislauf des Lebens endet. Aus dem Nichts sind wir gekommen und kehren zurück ins Nichts, um vielleicht in anderer Form oder Gestalt erneut aufzutauchen. Nur keine Scheu: Der Phantasie sind keine Grenzen gesetzt.

Wenn man alleine lebt und einen großen Fundus an Schätzen im Speicher hat, braucht man keine Angst zu haben vor dem Alter. Wenn überhaupt Ängste aufsteigen wie schleichender Nebel, betrifft es die Jungen, die lieben unberechenbaren Kinderlein. Ich wünsche mir erstens bis zehntens, daß die nächsten Generationen auch noch etwas haben von unserem wunderbaren Planeten, dem Reichtum dieser Welt. Wenn ich morgen umfallen würde vorn an der Rampe möglichst oder auch hinten am Horizont, während der Vorhang fällt, würde ich es, wenn ich mich als Zuschauer betrachte, nicht groß bedauern, denn was solls: Ich hab ein so richtig schön lebendiges Leben gelebt. Und tue es noch – wie man sieht …

ANNE HAUSNER
MALERIN, JAHRGANG 1943

Die Vergangenheit wird immer neben mir sein

Wenn ich an meine Kindheit und Jugendzeit zurückdenke, fällt mir immer mein ziemlich erfolgloses Bemühen ein, dazu zugehören. Ich war schüchtern, verträumt, in mich gekehrt, später wollte ich die mangelnde Beliebtheit durch bissige Diskussionsfreudigkeit wettmachen. Die Außenseiterrolle, die mir all dies eintrug, lernte ich erst langsam auch als positiv, als Chance auf etwas Eigenes zu empfinden. Ich fand in meiner Malerei die Möglichkeit, dies Gefühl auszudrücken. Im Grunde ist dies das verbindende Thema aller meiner Bilder: die Vereinzelung, die Isolation durch Verhüllung, Verpackung, durch Abgrenzung und Ausgrenzung. Wohl aber auch das In-Sich-Ruhen, zur Ruhe kommen.

ANNE HAUSNER

Mein Alltag verläuft ziemlich regelmäßig. Nach dem Frühstück gehe ich in mein Atelier und male bis zum frühen Nachmittag. Dann kümmere ich mich um alles andere, Haus, Garten, Hunde. Seit ich allein bin, ist mir diese relative Gleichmäßigkeit im Ablauf der alltäglichen Dinge besonders wichtig. Es ist wie ein Korsett – nicht, um mich einzuengen, eher, um mich zu stützen. Es gibt viele Künstler, die ihren Tagesablauf ritualisieren, weil man ja eigentlich etwas macht, auf das niemand wartet. Man muß sich also selbst anspornen, täglich, immer wieder.

Ich lebe nicht freiwillig allein, ich habe noch nie allein gelebt. Aber inzwischen komme ich ganz gut damit zurecht. Ich habe eine sehr erfüllte Zeit hinter mir, ich habe so viele Erinnerungen, aber auch Jetziges: Kinder, Hunde, Haus, die Atmosphäre, es ist ja noch so viel da, noch alles da, sehr lebendig da, so, daß ich mich gar nicht wirklich allein fühle. Ich kann somit von Veränderungen nach dem Tod meines Mannes gar nicht sprechen, denn ich lebe noch ganz stark retrospektiv. Ich bin jetzt Herr meiner Zeit, das ist eine wirkliche Veränderung. Im Verhältnis zu meiner Ablösung von der Vergangenheit wächst die Wichtigkeit meiner eigenen Arbeit. Doch die Vergangenheit wird immer neben mir sein.

Wir hatten fast dreißig Jahre eine sehr intensive Beziehung, mein ganzes Erwachsenenleben. Mein Mann hat ja zu Hause gearbeitet, wir haben eigentlich alles gemeinsam gemacht. Die dreißig Jahre Altersunterschied waren in der persönlichen Beziehung nicht wichtig, er war ein sehr jugendlicher, aktiver, energischer Mann. Wir waren durchaus ›gleich‹ miteinander – ganz zu Anfang vielleicht nicht. Natürlich war der ganze Lebensrhythmus auf ihn eingestellt. Ich kam damals sehr jung von Hamburg nach Wien, das war schon mal ein großer Sprung. Und dann als ehemalige Studentin mit einem so berühmten Mann verheiratet zu sein, ein großes Haus zu führen, Kinder, Mentalitätsunterschiede – ich habe schon einige Jahre gebraucht, um mich einzuleben. Jetzt ist Wien Heimat. In unserer Ehe fiel mir die Rolle der Ausgeglichenen zu. Mein Mann hat mich auch oft so gemalt, als Frau, die durch ihre Ruhe alles in Balance hält, die emotionale Basis und auch erotischen Antrieb darstellt. Alle diese Bilder sind eigentlich Liebeserklärungen. Mein Mann hat fast immer gemalt, und das wollte er möglichst ungestört. So habe ich zunehmend die praktischen Dinge übernommen, ich war Bastler, Tischler, Gärtner, Elektriker. Wenn ich in Hamburg war und hier fiel die Heizung aus, dann hat er mich angerufen, um mich zu fragen, wie er das Ding wieder ankriegt.

Anne Hausner

Anne Hausner

Erotik ist die Basis einer Beziehung. Wenn es da nicht stimmt, geht es nicht. Zwischen uns gab es eine starke, zärtliche Anziehungskraft, bis zum Schluß. Wir haben uns einfach gemocht und gerne berührt. Das sind subkutane Empfindungen, wenn es da in Ordnung ist, kann man alles gemeinsam schaffen, dann kann man auch streiten, denn man will den anderen, man kann ihn riechen, man hat ihn gern, man umarmt ihn gern, man gehört zusammen. Das Distanzproblem in einer Beziehung ist, glaube ich, das größte. Wenn der eine Nähe braucht, die der andere nicht erträgt, das ist schlimm. Ich persönlich denke, daß Beziehungen mit viel Distanz anfälliger sind.

Ich glaube, ich bin ein friedlicher Mensch. Ich lebe mit mir im Einklang, deswegen habe ich auch keine Aggressionen. Aber wenn sich Frust anstaut, denn ich neige zum Verdecken und Wegstecken, dann habe ich manchmal jähzornige Anfälle. Dann gehe ich am besten Tennis spielen, hau auf den Ball, der fliegt ins Aus, und mir geht es besser.

Die Nachkriegszeit hat mich schon stark geprägt. Der Mangel, das bescheidene Leben, die Sparsamkeit. Ich denke, unsere Generation kann durch diese Erfahrungen aus Wenig Viel machen, wir können gut improvisieren und uns noch immer über Kleinigkeiten freuen. Das Leben ist vielleicht nicht ganz so selbstverständlich und schon gar nicht der Wohlstand. Die Spiele, die wir spielten, mit fast gar nichts, Tonmurmeln oder Zigarettenschachteln vielleicht, immer zu mehreren. Wir sind die letzte Generation, die noch ohne TV augewachsen ist ... Wir mußten uns eben selber unterhalten.

Mich interessiert an der Politik die Utopie, die Suche nach der idealen Gesellschaftsform. Wie findet man eine Organisation, in der Menschen ihren Begabungen entsprechend zusammenleben? Ich finde es gut, daß die Bandbreite dieser individuellen Lebensformen größer geworden ist.

Es war sehr schwierig, den Mut aufzubringen, selbst zu malen, wenn man mit einem großen Maler zusammenlebt. Abgesehen von den äußeren Gegebenheiten, wie Kindern, Haushalt, Gesellschaft war dies sicher der Hauptgrund dafür, daß ich einige Jahre nicht gemalt habe. Aber natürlich entwickelt sich das Thema im Inneren, auch wenn man es erst später realisiert. Ich habe allmählich zu dem gefunden, was meinem Wesen entspricht, etwas, das ganz anders ist, als das, was mein Mann malte. Karriere war und ist für mich nicht besonders wichtig. Die Tätigkeit an sich ist mir wichtig. Die Konzentration, das Zur-Ruhe-Kommen. Malen, das ist ein Refugium, um mit mir selbst ins Reine zu kommen. Natürlich stelle ich auch aus und verkaufe und freue mich, wenn ich bei den Betrachtern Gefühle erwecke, etwas auslöse. Ich bin nun aber einfach mit einem sehr viel berühmteren Mann verheiratet gewesen, und meine eigene Karriere war für mich nie im Vordergrund. Im Grunde genommen habe ich im Laufe der verschiedenen Jahre verschiedene Prioritäten akzeptiert, nicht gesetzt, aber akzeptiert, doch am Ende habe ich alles untergebracht, was ich unterbringen wollte: Ehe, Kinder und Beruf. Dies scheint mir im übrigen etwas ganz Wesentliches meiner Generation zu sein. Eigentlich war mein Bewußtsein immer zweigleisig. Einerseits war ich durch meine Mutter und durch den stark restaurativen Konsens der fünfziger und sechziger Jahre ganz auf die klassische Ehefrau-Mutterrolle eingestellt, andererseits hatte ich jede Möglichkeit der Ausbildung. Aber die Entschlossenheit, ein berufliches Ziel anzupeilen und nicht aus den Augen zu verlieren, die war bei mir nicht sehr stark entwickelt. Das eigene Ziel ging gewissermaßen auf Tauchstation, aber nur vorübergehend. Ich sehe nicht nur bei mir, daß man später dann wieder mehr nach eigenen beruflichen und persönlichen Vorstellungen lebt.

Ich habe viele Freunde. Seit ich alleine bin, ist das noch wichtiger geworden. Ich bin über ihre Anteilnahme, ihr Mitgefühl und ihr Interesse an mir sehr glücklich, das wärmt. Zu meinen Freunden gehören viele Paare, aber auch Alleinstehende. Ich habe immer Freundinnen gehabt, das Gespräch mit Frauen ist anders, sie wollen auch hören, nicht nur selber reden. In dem kleinen italienischen Ort, in dem meine Tochter und ich im Sommer gewohnt haben, sind vormittags immer nur die Männer auf der Piazza gestanden. Lauter ältere Herren, nett angezogen stehen sie da und unterhalten sich, nachdem sie vorher die Post geholt haben. Sie sind vergnügt und keiner sitzt allein, und wir haben uns gedacht: Na typisch, die Frauen sind daheim und arbeiten im Haushalt. Aber dann am Abend ab zehn saßen die Frauen im Café, nur Frauen! Ich glaube, es ist ganz natürlich, dieses Bedürfnis, mit dem gleichen Geschlecht ins Gespräch zu kommen. Das sind andere Gesprächsinhalte, eine andere Verständigungsebene. Frauen wollen im Gespräch vor allem eine persönliche Verbindung herstellen. Mein Mann hat oft gestaunt, wie rasch das manchmal geht, er hat das immer sehr geschätzt.

Meine Töchter und ich sind näher aneinander gerückt. Unser Verhältnis hat sich intensiviert und verdichtet durch den Tod meines Mannes. Sie waren sehr liebevoll, wir haben den Verlust miteinander sehr stark empfunden. Es hat ein neuer Zeitabschnitt begonnen, sowohl für mich, als auch für sie. Nun sind sie erwachsen. Ich fühle mich nicht mehr so verantwortlich. Sie erzählen mir, was sie tun, wir beraten uns, wir sind mittlerweile gleichberechtigte Frauen.

Ich habe von meinem Vater die Lust am intellektuellen Streitgespräch, aber ich bin mit Sicherheit vom Wesen meiner Mutter geprägt. Wir sind uns sehr ähnlich. Von meiner Mutter habe ich meine Friedlichkeit, die Möglichkeit, das Gute in den Dingen zu erkennen, die mir widerfahren. Meine positive Grundeinstellung kenne ich auch von meiner Mutter. Wie ich schon sagte, ist meine Mutter ganz dem klassischen Rollenbild zwischen Mann und Frau verhaftet. Sie ist in einem großbürgerlichen Professorenhaushalt aufgewachsen, mit Gouvernante, nur der Sohn hat studiert. Es ging für Frauen eben um Ehe und Kinder. Ich habe heute ein zärtliches, fürsorgliches Verhältnis zu meiner Mutter, jetzt in ihrem Alter gibt es eine Umkehrung der familiären Strukturen, das Zurückgeben. Manchmal habe ich das Gefühl, die Dinge, die ich erzähle, erreichen sie nicht mehr so richtig, aber dann spüre ich eine tiefe Verbundenheit, sie weiß einfach, wie mir zumute ist.

Das Älterwerden macht mir jetzt mehr Angst. Als mein Mann noch lebte, da sagte er mir immer, wie schön er mich findet, auch mein Älterwerden, das hat mir Selbstbewußtsein gegeben. Jetzt, wo ich alleine lebe, sehe ich mich im Spiegel viel kritischer. Ich habe das Bedürfnis, schön zu sein. Andererseits hat jede Phase des Lebens seine eigene Schönheit, das Leben von der Geburt bis zum Tod bedeutet ja ständige Veränderung, nichts bleibt wie es war. Das wäre ja auch furchtbar, wäre man auf ewig zwanzig. Ich möchte nicht mehr zwanzig sein. Mein Leben in der Natur hier, das hilft mir. Ich sehe, wie sich alles wandelt. Wenn man akzeptiert  hat, daß sich die Dinge verändern, immer, alle, dann glaube ich versteht man, daß die Lebensphasen ihre Notwendigkeit haben. Man muß lernen, dieses sich Wandeln als das eigentliche Lebensprinzip anzunehmen. Mein Bedürfnis nach Stille, zeitweiliger Zurückgezogenheit, In-mich-gekehrt-sein, war immer da. So ist meine Schwerhörigkeit, die mich zunehmend einhüllt, abgrenzt, isoliert, vielleicht auch eine Chance auf Konzentration. Das Sehen wird immer wichtiger. Das langsame Erfassen, das Herausschälen des Besonderen. Meine Malerei ist Beobachtung, die auf Meditation beruht.

RENATA JÄCKLE
MALERIN, JAHRGANG 1936

Ich bin ein Morgenmensch

Die Flucht, die Zeit nach dem Krieg, aber auch die Möglichkeiten von uns Kindern, mit viel Phantasie und Träumen die Tage zu füllen. Gespräche mit meiner Großmutter »Eo«. Meine Berufsjahre. Begegnungen, Irrtümer, Fehler! Der Existentialismus, das Wort dieser Jahre. Die Geburt meiner Töchter. Die Krankheit und der frühe Tod meines Mannes, als großer Einschnitt in unserer Familie. Spürbare Veränderung, aus der Oberfläche in die Tiefe. Erkenntnisse der letzten Jahre. Bleiben muß die Neugierde.

Der Umgang mit Zeit ist mir besonders wichtig. Mein Tag beginnt sehr früh, manchmal schon um halb sechs Uhr morgens. Ich stelle mich ans Fenster und sehe auf die noch unbefahrene Straße. Es kommt mir dann so vor, als wäre ich die einzige, die so früh aus dem Fenster sieht, und so gehören der Anblick der schlafenden Stadt und diese Ruhe ganz allein mir. Manchmal allerdings bin ich nach dem Aufstehen so begierig auf das Malen, ich habe dann wohl ein Bild aus dem Traum in den Morgen gerettet, daß ich noch im Schlafanzug zu malen beginne. Ich habe Ehrfurcht vor der Zeit – das hat sicher auch mit Heiners Tod zu tun. Früher füllten die Wünsche der Familie meine Zeit aus, überfüllten sie fast und ließen sie doch leer. Heute, da mein Alleinleben auf den ersten Blick beruhigter erscheint, ist meine Zeit jedoch lebendiger. Ich habe gelernt, ohne Rücksicht auf andere, nurmehr das zu tun, was ich tun will. Das ist etwas Besonderes, denn ich mußte es erst lernen. Lernen, daß wenn ich einen Wunsch habe, das bereits Grund genug ist, diesen zu erfüllen. Dieses Selbstverständnis mußte ich mir erkämpfen, denn ich lebte mit Rechtfertigungen und in einer mir anerzogenen Selbst-Zurücknahme, das nannte man Muttersein, das hieß, zu Gunsten der anderen zu verzichten und sich dann auch noch einzubilden, es gerne zu tun. Heute habe ich manchmal ein schlechtes Gewissen, wenn ich mich besonders egoistisch verhalte, aber im selben Moment weiß ich: Das ist nichts als alter Ballast. Dazu kommt dann auch noch die väterliche Disziplin, von der ich bedauerlicherweise sehr viel mitbekommen habe.

Leider bin ich nicht aggressiv, ich bin tolerant, und das ist nicht nur eine Tugend, das ist eher Schwäche. Eine Angst vor Bekenntnis vielleicht und vor dem tatsächlichen Einstehen. Als Kind hatte ich mich zu fügen. Verbote wurden nicht erklärt, sie wurden von mir eingehalten. Ich unterwarf mich jeder familiären Situation. Heute vermag ich mir eine innere Nähe zu meinem Vater zuzugestehen. Vielleicht ist es das Alter selbst, das mich anrührt. Ich habe nun ein sanftes Bild von ihm, er scheint mir kleiner geworden und ist heute so, wie ich ihn mir mit zwanzig gewünscht hätte.

Meine Mutter hemmte mich im Erleben erster erotischer Gefühle. Meine Begegnungen mit jungen Männern und mein körperliches Begehren waren begleitet von Schuldgefühl und Scham. Ich glaube, die Mütter unserer Generation machten eine natürliche Entwicklung der Sexualität nur schwer möglich. Meine Mutter brachte mir bei, daß Frauen, die ihre Lust auslebten, Frauen zweiter Klasse waren, sie waren unfein und vulgär, sie waren

Renata Jäckle

getrieben von niederen Instanzen, von schmutziger Lust, die uns den Tieren gleich macht. Ich war geprägt von dieser Haltung, verlor aber dennoch nicht die Lust an der Lust, und so konnte ich mich als junge Frau distanzieren von dieser mütterlichen Aversion gegen das Körperliche. Dank des schlechten Gewissens, das ich sicher unbewußt noch hatte, war die Sexualität ein Wunderland, das ich heimlich bevölkerte. Ich entmutterte mich über die Sexualität sozusagen. Die Gespräche mit Eo, meiner Großmutter, haben mir sehr geholfen, sie war damals eine Revolutionäre. Sie half mir, mich in mir selbst durchzusetzen; vielleicht machte sie an mir gut, was sie meiner Mutter antat, als diese jung war.

Mein Ältersein gefällt mir gut. Ich kann auf all das blicken, genieße diese Gelassenheit, die Kopfdinge des Alters also, die körperlichen Veränderungen allerdings, an die habe ich mich noch nicht gewöhnt – in die Ästhetik des Alters meines Körpers muß ich mich erst noch einleben.

Für meine Töchter fühle ich mich nach wie vor verantwortlich. Aber es ist eine andere Verantwortung als früher, sie ist für meine Töchter sozusagen unsichtbar. Kati und Nina spüren das nicht mehr in allem, was von mir kommt. Aber sie können sich auf diese Verantwortung – also auf mich – verlassen. Die Beziehung zu meinen Töchtern mußte ich

mir in den letzten Jahren erarbeiten. So auch das Malen. Nach langer Suche habe ich nun mein Format, meine Farben und meine Themen gefunden. In den Gesichtern der Frauen, die ich male, ist auch mein Gesicht, sie sind traurig, manchmal wissen sie, manchmal warten sie, manchmal sind sie still, manchmal abwesend.

Ich habe vom Krieg nicht viel in Erinnerung. Vielleicht habe ich gelernt, daß es die kleinen Dinge sind, die man retten will, einen Teddy, ein altes Foto.

Mit sechzig fällt es schwer, Freunde zu finden. Die Macken sind unverdeckter, man trägt sie eher als Charakter. Man wird wohl auch unhöflicher, denke ich. Die Lebenskonzepte stehen fest, man wird unnachgiebiger, und innerhalb einer Begegnung ist man weniger großzügig. Manche denken, man würde im Alter verbohrt, aber ich

denke, man weiß einfach, was man will und was nicht und ist bemüht, den Streuverlust zu reduzieren. Ich stelle mir die Lebensjahre wie ein Maßband vor. Wenn ich neunzig werden würde und mich jetzt auf der sechzig befinde, dann bleiben da noch ein paar Zentimeter übrig bis zur Stahlkante des Maßbandes.

Ich habe vor dem Sterben Angst, vor dem Siechtum, den Schmerzen, ich habe allerdings weniger Angst vor dem Totsein, als davor, nicht mehr am Leben zu sein – aber das sind wohl auch nur Worte. Noch denke ich zu nüchtern über religiöse Dinge nach, um Glauben zu finden. Da gibt es sicher irgendwo eine Kraft – ich weiß nur noch nicht genau wo.

DOMENICA NIEHOFF
WIRTIN, JAHRGANG 1945

Nicht heute suchen, morgen finden

Geprägt hat mich, daß die Menschen, die um mich rum waren, an mich geglaubt haben. Ich wußte, wenn ich mitmache und helfe, wird es gelingen.

Endlich kann ich sagen, daß ich ein erfahrenes Lebensgefühl habe, angstfrei und erfahren. Unerfahrenheit macht schwach, sie macht ängstlich. Es gibt jeden Tag einen neuen Sinn im Leben. Was heute sinnlos scheint, macht vielleicht erst in zehn Jahren Sinn, solange dauert manche Arbeit. Wie oft habe ich gedacht, das ist doch Blödsinn, was mache ich denn hier? Und viel später habe ich gemerkt: Siehst Du, dafür war es damals gut. Nicht heute suchen, morgen finden. Selbst wenn es übermorgen ist, das ist egal.

Wunschlebensform wäre für mich Gelassenheit und Liebe, Frieden, verbunden mit Sonne, Meer, Grün. Am Tisch viele nette Menschen, mit ihnen kochen, zeichnen, interessante Gespräche führen. Ich würde auch gerne für mich allein Bücher lesen, am liebsten Biografien, wie z. B. von Angelika Schrobsdorff »Du bist nicht so wie andre Mütter«, das hat mir gefallen. Ich wünsche mir Geduld, aber wenn Du erfahren bist, dann kommt die Geduld von alleine, auch eine ruhigere Form von Liebe. Allerdings das Stürmische ist mir ja wieder gerade passiert. Einen kleinen Sturm kann man doch noch mal vertragen. Na ja, auf jeden Fall gehört eine Kneipe nicht zu meiner Wunschlebensform, da bin ich mir sicher.

Ich bin im Waisenhaus zum Parieren erzogen worden, parieren ohne zu reagieren. Das kann für einen jungen Menschen nicht gut sein. Ich hatte lange Zeit Probleme, meinen Willen überhaupt zu sagen, habe mich gar nicht getraut. Aber ich denke, die Frauen in unserer Generation sind große Kämpferinnen. Unsere Mütter mußten anders kämpfen, nämlich ums Brot. Wir müssen um die Seele kämpfen, um die Sexualität, um die Freiheit der Frau, die andere Freiheit, diese Männerfreiheit. Ich wollte nicht die Form, die von den Müttern vorgegeben war. Allerdings war meine Mutter nicht so eine Frau. Die war anders, sie war eine Mannfrau. Heim und Herd waren ihr egal, sie war Zockerin. Und einem Zocker ist ja Heim und Herd nichts wert, verstehst Du? Meine Mutter hatte drei kleine Kinder, mußte arbeiten, damals gab es kein Sozialwesen, und keiner wollte uns. Wo sollte sie uns hinbringen? Mein Vater war gewalttätig, und so mußte meine Mutter uns ins Waisenhaus zu den Nonnen geben.

Es ist schön, wenn man einen Beruf machen kann, den man liebt und selbständig dabei sein kann. Ich möchte auf keinen Fall vorbestimmt werden. Ich bin sowieso kein Parierer mehr. Nach den zehn Jahren habe ich mir vorgenommen, nie mehr zu parieren. Ich mache, was ich will. Es ist schwierig mit mir, ich bin sehr dominant. Mein Name, Domenica hat allerdings nichts damit zu tun, der ist italienisch. Aber diese Dominanz

DOMENICA NIEHOFF

115

habe ich mir jetzt erarbeitet. Meine Erfahrung gibt mir ja auch recht. Das sagen selbst die jungen Leute. Ich möchte Freiheit in meinem Beruf haben, möchte selbst kreativ entscheiden können.

Wie ich dazu kam, Hure zu werden? Das war eine Notsituation. Der Mann, mit dem ich zehn Jahre, von siebzehn bis siebenundzwanzig, zusammen gewesen war, hatte sich erschossen, ich stand auf der Straße, hatte keine Wohnung, ich hatte gar nichts. Ich hatte bis dato nie alleine gelebt. Der Mann hatte mich die zehn Jahre in einem goldenen Käfig mit viel Geld gehalten. Ich habe auch viel von ihm gelernt, er war ein erfahrener Mann. Es war gar nicht der Wunsch, mit Männern rumzubumsen. Das hätte ich auch so haben können, ohne in den Puff zu gehen. Es war eine finanzielle Frage. Und ich war damals noch so ängstlich, daß ich die Leute nicht fragen mochte. Ich hatte allerdings überlegt, Serviererin zu werden, weil ich mal sechs Wochen einen Servierkursus gemacht habe. Aber irgendwie ist es nicht dazu gekommen, weil ich eben auch keine Wohnung hatte. Und ich hatte ja schon Kontakte durch diesen ersten Mann, der zwei Puffs hatte. Ich kannte die Frauen, und die hatten auch den Luxus, mit dem mich der Mann versaut hatte. Ich nenne so etwas versauen und nicht verwöhnen. Also, ich habe gedacht:
Gut, so kriegst Du schnell eine Wohnung. Daß es dann noch so lange gedauert hat, das hätte ich mir auch nicht träumen lassen. Ich war erst noch vier Jahre mit einem Zuhälter zusammen, auf St. Pauli. Ich mußte im Puff schlafen und habe im Palais d'Amour unten in der Tiefgarage gearbeitet. Nicht, daß Du denkst, es war schön feudal für mich. Nein, es war ganz grausam. Erst als ich mich getrennt habe, bin ich einfach von heute auf morgen in die Herbertstraße gegangen, und da kam ich zum Nachdenken und sagte mir: Jetzt hast Du immer noch kein Geld, keine Wohnung und bist schon so lange im Puff. Ich war ein Nervenbündel, hatte Schlimmes erlebt. Na gut, da dachte ich das erste Mal: Endlich alleine. Ohne Mann. Jetzt machst Du einfach, was Du vorher nicht machen durftest. Ich fing an, in Antiquitätenläden zu gehen, und die Leute haben immer gesagt: Gnädige Frau,

sind Sie Künstlerin? Nie hätte jemand gedacht, daß ich im Puff war. Das waren schöne Erlebnisse. Ich habe mich nur gefreut, daß ich sie haben durfte. Ich wollte sie gar nicht haben. Hauptsache, daß ich sie hätte haben können. So war es auch mit Männern. Das Gefühl, daß ich sie hätte haben können, reichte mir.

Viele Männer sind nur verhinderte Weiber. Ich kann Dir eins sagen, wenn man Männer und Frauen in einen Pott wirft, wäre es wohl die schönste Mischung. Ich denke oft, daß es bei mir Frau und Mann gar nicht gibt. Wenn der Zeitpunkt da ist, muß ich nun mal der bessere Mann sein, was gar nicht mein Wunsch ist. Ich wäre auch lieber das Weibchen, das so hoffnungsvoll den Mann erblickt. Aber dann wird man wieder fremdbestimmt und muß parieren. Daß da zufällig ein Chromosom mehr war, und daß sie da was zwischen den Beinen hängen haben, das macht noch lange keinen zum Mann. Mein Verhältnis zu Männern ist sehr gut. Außer natürlich zu gewalttätigen Männern. Mit Frauen kann ich erst seit meinem einundvierzigsten Lebensjahr gut auskommen. Seitdem ich die Sozialarbeiterinnen kennengelernt habe. Ich habe ganz schlimme Erfahrungen mit Frauen gemacht, mit Konkurrenzdenken und so. Na gut, ich habe sie auch oft geärgert. Allein mit meinen großen Brüsten, das war schon Ärgernis genug. Ich brauchte nur aufzutauchen, dann habe ich sie schon geärgert. Erst ab vierzig habe ich versucht, mich Frauen zu nähern, und jetzt klappt es. Jetzt mag ich sie sehr, ich spüre das erste Mal, daß ich mich mit Frauen verstehe. Für mich gibt es jetzt so einen gleitenden Übergang, ich merke, daß Männer ja auch nur Klatschweiber sind. Ich kann das gar nicht beschreiben, was ich im Moment erlebe. Also Frauen mag ich jetzt, besonders junge Frauen. Ich versuche, ihnen mit meiner Erfahrung zu helfen.

Freunde in der Not gibt's nur wenig auf ein Lot. Also, ich habe keine Busenfreundin in dem Sinne. Freunde sind die, die gerade da sind. Viele wollen permanent Freunde sein, aber ich kann das gar nicht, ich schaffe es nicht und will es auch gar nicht. Wer da ist und nett ist, ist mein Freund oder meine Freundin. Und natürlich, wenn Not ist, bin ich da. Aber ich habe halt so wenig Zeit. Es ist ja für uns Single-Frauen schwer, den Beruf und alles zu vereinbaren, und dann sollen wir auch noch Freundschaften pflegen. Ich falle so oft erschöpft ins Bett.

Ich habe verschiedene Partnerschaften gehabt. Die erste war nur Zwang, ein goldener Käfig. Die zweite war auf dem Kiez mit einem Zuhälter, ein starker Kerl, ich dachte, der kann aufpassen. Heute suche ich eine andere Partnerschaft, ich suche eine Gemeinschaft.

Ich habe mich jahrelang als Frau verweigert. Während der Sozialarbeit hatte ich keine Partnerschaft. Ich hätte auch nie geträumt, daß ich so was wie jetzt noch mal erlebe. Aber er ist so menschlich und verwöhnt mich richtig. Er kocht und macht mir jeden Tag Pampelmusensaft. Dafür muß ich ihn erziehen, ihn zum Mann machen. So geht es ineinander auf. Ich nehme die Pampelmusen und die Ananas geschnitten, aber dafür muß er sich halt vom Jungen zum Mann entwickeln. Das muß ich ihm geben, denn eine Partnerschaft ist geben und nehmen, etwas anderes kann es nicht sein. Es kann auch eine soziale Partnerschaft sein, es muß keine auf Sexualität basierende Partnerschaft mehr sein. Die kann ich mir holen, die kann ich mir kaufen, die kann ich mir jederzeit nehmen. Daß ich heute noch mehr Chancen habe als vor zehn Jahren, das ist unglaublich. Es wurde so schlimm, daß ich alle weggeschickt und gesagt habe: Ihr geht mir so auf den Geist mit eurer Anhimmelei. Ihr seid doch nicht mehr normal! Jetzt bin ich eine ältere Dame. Aber das wollen sie gar nicht hören. Dabei war ich doch früher immer so stolz, wenn mich viele hofiert haben. Aber ich habe im Moment genug mit mir zu tun. Ich muß als Single-Frau alles in den Griff kriegen. Ich war ja lange, lange Single-Frau, jetzt habe ich zwar einen Partner, aber auf den muß ich auch noch aufpassen. Gut, aber es ist keine Partnerschaft im üblichen Sinne. Es ist vielleicht eine soziale Zweckgemeinschaft, vielleicht so eine Schüler-Lehrerin-Partnerschaft. Oder wie sagt man, eine menschliche, es ist alles, sexuell auch. Es ist schön so. Hauptsache, es ist. Hauptsache die Partnerschaft ist nicht so, daß sie mich quält oder mir weh tut. Partnerschaft ist für mich aufbauen, lieben und zusammenhalten. Wenn ich umfalle, muß er da sein. Wenn er umfällt, bin ich da.

Ich kann Liebe und Sex trennen. Ich habe lange gebraucht, um zu einer schuldfreien Sexualität zu kommen. Ich bin ja streng katholisch bei Nonnen großgeworden, und das prägt, das hat mir sehr viele Probleme bereitet. Der Puff und alles hat mir nichts genützt, um schuldfrei Sexualität zu erleben. Erst jetzt kann ich das, eine schuldfreie Sexualität, wie sie unter Erwachsenen stattfindet, in der man keinem weh tut, bei der jeder mitmachen will oder kann, das ist mir egal, Hauptsache, es ist für alle befreiend und schön. Ich weiß nicht, ob das die richtige Antwort ist. Aber ich habe keine andere. Erotik findet überall statt, zum Beispiel mit Blicken, oder ich ziehe einen Schuh an und binde den Schnürsenkel um die Fesseln herum, oder wenn ich gerade im richtigen Moment einen Träger hängen lasse, alles ist Erotik, Geruch und Duft.

Mit meinem älterwerdenden Körper mache ich gar nichts. Einerseits leider, andererseits bin ich froh, daß ich mich nicht so gequält habe wie viele, die ich kenne, mit Bodybuilding und allem oder mit kosmetischen Operationen, was ich alles toleriere und verstehen kann. Nur eben ich bin froh, daß ich es nicht gemacht habe. Wobei ich heute sage: Ja, hättest Du etwas gemacht, hättest Du keinen Bauch. Aber andererseits ist Älterwerden an sich schön, man ist ja wirklich gelassener. Es kann ja nur für die ein Problem sein, die sich nicht erneuern und nicht erweitern und nicht jeden Tag umdenken. Mein Glück war, daß ich durch das Waisenhaus schon früh Panik vor dem Alter erlebt habe. Die Lebensangst, daß ich verhungere, hatte ich schon mit achtzehn. Stell' Dir das mal vor! Ich war ein gequälter Mensch als junger Mensch. Ich habe das alles in der Jugend hinter mich gebracht, diese Erfahrungen, die die Frauen dann oft leider erst mit fünfzig machen. Ich bin heute froh. Erst in der Sozialarbeit, bei den Althuren, habe ich die Lebensangst verloren. Die leben ja auch, weil sie zum Sozialamt gehen.

Meine Familie war keine Prägung. Das war eine Ganovenfamilie. Jeder hat gemacht, was er wollte. Bei mir waren es die Nonnen, sie haben mich geprägt, muß ich jetzt ehrlich sagen. Ich bin von ihnen streng erzogen worden zu Disziplin und Kargheit, die mir heute zugute kommt. Ich muß nicht mehr alles haben, und ich bin auch von dem Luxus, den ich zwischendurch mal hatte, wieder auf die Schlichtheit gekommen, wieder in die Jugend zurück, und das ist schön. Man ist mehr bei sich. Ich muß mich nicht mehr umtüdeln und mir etwas umhängen, um sagen zu können: So, jetzt bist du schön. Ich will lieber sagen können: Ich bin schön. Pur bin ich schöner. Die Prägung von den Nonnen damals, die Schlichtheit, ja, die ist beeindruckend.

Aggression bedeutet für mich Wut, Wut, Wut. Ich werde maßlos wütend. Ich habe gelernt, die Wut rauszulassen. Früher habe ich nie etwas gesagt und alles für mich behalten. Erst so ab fünfundzwanzig habe ich gelernt, alles rauszulassen. Das war während der Hippie-Welle. Aber es dauert nur ein paar Sekunden, und dann setze ich mich hin und denke: Na, und was willst Du wirklich? Was ist los? Aggression bei anderen erkenne ich im Ansatz, schon von weitem, durch meine Erfahrung, ich habe sehr viel mit gewalttätigen Menschen zu tun. Ich mag keine Gewalt, ich hasse sie. Wenn einer gewaltbereit in die Kneipe kommt, muß ich die Ruhe bewahren, es mit Worten versuchen. Die ersten drei Monate in meiner Kneipe habe ich wirklich manchmal gedacht, ich könnte eine Buddel nehmen und sie einem über den Schädel hauen. Was soll ich denn machen, wenn die so viel größer und breiter sind als ich? Aber ich habe es doch immer mit Worten geschafft, das ist anstrengend. Gewaltvolle Menschen sind sehr anstrengend, insbesondere für die, die keine Kraft mehr aufbringen können, sich zu wehren. Stell Dir das mal vor. Ich sage nur:

Gewalt ist furchtbar, ich mag nicht einmal mehr über Gewalt reden. Aber, wenn sie mir begegnet, hoffe ich, den anderen dazu bringen zu können, gewaltfrei zu gehen. Krieg ist ja auch nur rohe Gewalt. Ich kann gar keinen Fernseher mehr anmachen ohne Krieg. Das geht ja überall los. Das ist so sinnlos. Ich könnte mir vorstellen, daß wir Krieg mit Worten vermeiden könnten, mit Gesprächen. Das dauert natürlich viel länger. Es ist doch einfach, eine Bombe zu knallen und zu sagen: Jetzt ist Ruhe im Karton. Aber dann kommen die Opfer, dann ist noch lange keine Ruhe. Ich weiß, daß das ein viel längerer Weg ist, aber das ist der bessere und der vernünftigere Weg.
Höhere Macht gibt es, Spiritualität auch. Ich bin auch deshalb davongekommen, weil ich sehr spirituell war und viel Instinkt habe. Außerdem habe ich Schutzengel, oh, meine müssen Sonderschicht machen, Doppelschicht. Manchmal entschuldige ich mich bei meinen Engeln, weil ich sie überstrapaziere. Und dann lege ich sie schlafen und sage: Geht schlafen, ich gehe jetzt auch schlafen. Ich quatsche mit meinen Engeln. Meine Toten sind meine Engel. Ich spüre immer, welcher Tote gerade neben mir ist. Ich habe viele Tote, je mehr Tote, je mehr Engel, leider. Ich spüre genau, jetzt ist meine Mutter wieder dran, jetzt die Oma, jetzt kommt meine Schwester. Ich habe so viele Tote. Ja, ich weiß, daß es mehr gibt als wir wissen wollen oder als wir jemals wissen werden.

Früher habe ich mir viele Gedanken über mein Alter gemacht. Jetzt nicht mehr. Es würde mich freuen, wenn es solche Familiengruppen gäbe, wo man einfach sozialgemein-schaftlich zusammen leben könnte. Ich bin in der Künstlerkasse, und es gibt jetzt ein Haus, in das nur Künstler reinkommen. Ich würde sogar als Künstlerin aufgenommen werden. Das würde mir gefallen: einer kann Klavier spielen, einer gut kochen, einer kann wieder etwas anderes. Jeder macht es so, wie er es am besten kann. Und wenn der eine nicht mehr kann, dann sind die anderen da. Natürlich würde mir so eine Lebensform sehr gut gefallen. Aber es ist sinnlos, sich heute Gedanken über das Morgen zu machen. Mor-gen haut man uns vielleicht eine Bombe an den Kopf. Aber ich würde mir wünschen, ohne Angst ins Alter zu gehen und natürlich, daß ich genug Freunde hätte. Aber es lohnt sich nicht, heute darüber nachzugrübeln.

Sterben und Tod, das ist ein schlimmes Thema für mich, weil ich so viele jung gestorbene Tote habe. Die einzige alte Tote war meine Oma. Die anderen waren alle jung. Ich habe schreckliches Sterben erlebt. Ich sage Dir ehrlich, ich hoffe, daß der Tod gnädig kommt. Es könnte doch sein, daß es einen Übergang in eine andere Welt gibt, in eine höhere Region. Ich lasse mich überraschen, wie es weitergeht. Danach, wenn es dann weiter-geht, dann werden wir das ja erleben. Dann treffen wir beide uns und reden noch mal über den Tod.

Was mir wichtig ist? Also im Moment, weißt Du, schuldenfrei zu sein. Ehrlich, das wäre mir wichtig. Da brauche ich nicht mehr so zu hetzen. Schulden sind für mich etwas Schlimmes, sie belasten und bedrücken mich. Ich mochte noch nie Schulden haben, ich habe immer alles gleich bezahlt, schon im voraus. Ich habe Angst vor Schulden. Auch vor menschlichen, es gibt ja auch menschliche Schulden, nicht nur die finanziellen. Da habe ich genügend auf mich geladen. Die versuche ich dann, woanders abzutragen, bei einem anderen. Dann denke ich immer: So, da hattest Du was falsch gemacht, jetzt machst Du es hier richtig. Vielleicht hält sich das dann die Waage. Ich bin Löwe mit Aszendent Waage, und im Alter kommt ja der Aszendent mehr zum tragen. Vielleicht komme ich jetzt ja endlich bei der Waage an. Wobei die Löwen ja immer sehr dominant sind. Vielleicht kommt der Altersaszendent jetzt mehr zum tragen. Ich mache bei dem einen gut, was ich bei dem anderen falsch gemacht habe. Vielleicht ist es die Waage, die versucht, alles ins Lot zu bringen.

ERIKA PLUHAR
AUTORIN, LIEDSÄNGERIN, SCHAUSPIELERIN,
JAHRGANG 1939

*Leben heißt, das, was mich selbst ausmacht, in Bezug zu setzen
zu dem, was mich umgibt*

Der große Krieg als erster und bestimmender Kindheitseindruck. Daraus resultierend der lebenslange Wunsch, Leben zu verwandeln. Spielend – schauspielend – erträumend – erfindend – schreibend. Die Realität wird zu Verantwortung. Nicht um in ihr zu Hause zu sein – sondern an ihr kritisch die eigene menschliche Dimension zu überprüfen. Als Frau die äußere und (viel schwerer!) innere Selbständigkeit gesucht. Und jetzt das Alter und der Versuch, es zu bejahen.

Gibt es Verzweiflungen, so wachsen sie nachts hoch auf. Das in den Tag gehen fällt mir oft schwer, doch ich habe mittlerweile eine größere Stabilität gewonnen, als ich sie früher hatte. Das Relativieren finde ich sehr wichtig. Leben heißt, das, was mich selbst ausmacht in Bezug setzen zu dem, was mich umgibt. Im Alter muß man seine Kräfte besser einsetzen und seine Energie besser verwalten, was man im Alter natürlich auch besser kann. Ich beschäftige mich nicht mit Jenseitsfragen; wenn es nach dem Tod etwas zu sehen gibt, dann werde ich es schon sehen.

Wir Frauen haben eine gewisse Ader, uns selbst für alles schuldig zu fühlen. Das kommt wohl aus dem Sumpf des ewigen Zuhausesitzens und alles aus dem Hintergrund-Betrachtens; es stecken natürlich auch Jahrhunderte von Frausein dahinter. Ich selbst habe unter meinem Verantwortungsgefühl gelitten. Wenn ich mit Freunden im Restaurant sitze, fühle ich mich automatisch für den Ablauf der gemeinsamen Zeit verantwortlich, ich schau, ob der Kellner kommt, schau danach, ob eine traurig ist, ob einer sauer ist. Da muß ich mich dann ganz ruhig zurücklehnen und mir sagen: ist nicht Dein Problem, Pluhar, mach Dich locker. So ist es eben in den kleinen und in den großen Dingen des Lebens. Wir Frauen fühlen uns verantwortlich und übernehmen die Obhut ganz selbstverständlich, vielleicht ja sogar naturgemäß. Frausein ist für mich ›das Bewahrende‹, das mich nicht davon abhält, auch mal etwas kurz und klein zu schlagen, ›das Harmoniesuchende‹, das mich nicht davon abhält, zornig zu sein. Die Existenz des weiblichen Menschen ist mit einer differenzierten Ballancetätigkeit verbunden, und diese Balancetätigkeit muß man immer wieder neu aufnehmen. Wenn man dazu nicht willens ist, geht man entweder an den heimischen Herd, oder man wird eine Karrierefrau und läßt sich wiederum in irgendeiner männlichen Form unterbuttern und somit das ›weibliche‹ Leben rauben. Wobei ich hiermit ausschließlich die Frauen unserer westlichen Welt meine. Zu viele Frauen in anderen Teilen unserer Erde leben noch immer in einer gesellschaftlichen Unterlegenheit und in Abhängigkeiten. In unseren Breitengraden sind die Frauen ins Karrieristische manipuliert und zwar auch von Männern. Wenn ich bedenke, was die moderne, sogenannte neue Frau alles sein kann – Managerin, Politikerin, Führungskraft – und doch bleibt die Welt genau so, wie sie ist, nämlich von Männern zugrunde gerichtet. Es gibt keine Chance, daß die weiblichen Kräfte das verändern könnten. Da habe ich meine Hoffnungen verloren. Es müßte schon eine große, weltweite weibliche Revolution stattfinden, aber das ist nicht möglich.

Erika Pluhar

An die Zeit am Theater denke ich mit Gänsehaut. Die Abende, an denen man auf die Bühne gespuckt wird, um zu funktionieren, die Arbeit, die in vielen Fällen gar nichts mit mir als Person, mit meinen ureigenen Themen zu tun hat, das möchte ich nicht

mehr durchmachen. Allerdings gab es auch ungeheuer glückliche Momente am Theater, ein gemeinschaftliches Versinken in den Texten, Begegnungen mit Menschen, die mir wichtig wurden.

Ich konzentriere mich nicht auf nur einen Mann. Ich führe zwar kein wildes, polygames Leben, aber ich möchte mir in meiner Partnerschaft das Recht vorbehalten, auch andere Männer sehr zu mögen, auch im erotischen Sinne. Ich gehe auf die sechzig zu, und ich kann ohne Zweifel sagen, daß die Sexualität für mich immer schön war, und sie wird mit den Jahren noch schöner. Ich brauche einen Mann, um erotisch empfinden zu können, ich brauche das andere, das männliche; für mich sind Frauen in ihrer Art, Lust zu empfinden, zu nachvollziehbar, zu ähnlich. Ich brauche den Unterschied, auch wenn es nur ein kleiner ist – etwas, das für mich geheim bleibt.

Ich betrachte mich als symptomatisch für unsere Generation. Ich war ein sehr lernfreudiges Kind, weil man nach dem Krieg einfach froh war, daß man im Frieden lebte, daß man friedlich in einer Schule sitzen konnte, mit all den anderen Kindern. Dann erlebte ich auch bald die erste ach so große Liebe, danach bekam ich eine schwere Anorexie, die ich durch ein Wunder überlebte, und dann kam mein Beruf, den ich immer mißtrauisch betrachtete. Ich wurde schnell als Schauspielerin sehr anerkannt; das bedeutet allerdings nicht nur Erfolg, sondern auch, daß ich von außen zur Schauspielerin par excellence gemacht wurde, die ich niemals war. Dann kam das mühsame Zurückfinden zu einer anderen, eigenen Kreativität. Ich glaube, diese Von-innen-nach-außen-nach-innen-Bewegung meines Lebens ist typisch für unsere Generation.

Familien sind heutzutage anderer Art, und so habe auch ich eine Freundesfamilie. Es freut mich, mit Freunden zu arbeiten. Eine Liebesbeziehung besteht und wird am Leben gehalten durch gemeinsames Tun, und so empfinde ich das auch für die Freundschaft; ich habe mit all meinen wirklichen Freunden etwas zu tun, eine gemeinsame Arbeit gibt eine gemeinsame Richtung aus verschiedenen Positionen. Das ist spannend. Das genieße ich sehr. Mein Vater ist hier im Haus gestorben. Er ist eines Tages ganz still eingeschlafen. Er blieb noch hier bei uns, nach seinem Tod, den ganzen Tag. Wir kleideten ihn an und spielten ihm ein Band vor, auf dem er selbst die Gitarre spielte. Es waren die Kinder und die Enkelkinder und

Freunde hier im Haus, überall waren Menschen, so wie Vater es gerne hatte. Es war ein sehr guter Abschied. Ich vermisse ihn, er war ein unerhörter Typ in diesem Haus. Er saß am Kopfende des Tisches, wollte immer so viele Menschen wie nur möglich um sich haben, er wollte ein lebendiges Haus. Es gab viele skurrile Begegnungen mit ihm, viele lustige Momente.

Ich glaube, das Altwerden findet schockartig statt; auf einen Schlag ist man plötzlich älter geworden. Es gibt Phasen, da wird man auch wieder jünger. Immer wieder stelle ich plötzlich sehr präzise fest, daß ich älter wurde. Ich lasse meine Haare grau werden, habe die grauen Haare nie versteckt, ich wollte sehen, was das Leben nun wirklich mit mir macht. Ich schätze die verschiedenen Stadien des Älterwerdens, will mich ihnen nicht entziehen. Auch wenn es oft zitiert wird, ist es wahr, daß wir immer wieder und wieder sterben, seelische Tode sterben. Etwas ist dann auf immer dahin. Durch jede Krisensituation, die ein Mensch durchschreitet, ist etwas unwiederbringlich verloren. Was den tatsächlichen Tod angeht, da enthalte ich mich bislang jeder Theorie.

ANGELA W. RÖDERS
SCHAUSPIELERIN UND SCHAUSPIELLEHRERIN,
JAHRGANG 1944

Heute sage ich mir: Es ist gut genug

Wenn ich mich frage, wie ich wurde, was ich bin, ist mir bewußt, wie zentral diese Frage ist – auch für mich ist: Wer – was bin ich? Täglich finde ich unterschiedliche Antworten, die abhängig von den Einflüssen, Herausforderungen und Akzenten des Tages sind. Die Konstante in meinem Leben ist die Sehnsucht nach Selbstausdruck. Diese Sehnsucht hat mein Leben geprägt, mich in schmerz- und glückhafte Erfahrungen und Begegnungen geführt und schließlich zu der Quelle, die mir Sicherheit, Vertrauen und Sinn gibt. Und mich weiter die Frage bewegen läßt, wer ich bin ...

Mein heutiges Lebensgefühl ist geprägt von dem Bedürfnis wirklich verantwortlich zu sein für das, was ich erlebe und erleben möchte. Das beginnt beim Aufwachen. Meistens stehe ich früh auf, meditiere, lese und laufe. Diese Zeit ist für mich eine gute Vorbereitung für den Tag. Zu meinem heutigen Lebensgefühl gehört zudem der Wunsch nach der Auseinandersetzung mit mir selbst, wodurch ich – im Gegensatz zu früher – eine größere Unabhängigkeit erreiche. Früher wollte ich immer viel mehr machen und versuchte, alles zu vereinen. Dadurch war ich gehetzt, das vermeide ich heute. Ich gehe behutsamer und bewußter mit mir um. Die Geißel meines Lebens war, daß ich meinte, weder das was ich tat noch was ich war, sei gut genug. Seit einiger Zeit kann ich das erkennen und anerkennen: es reicht, es ist gut genug. Es braucht nicht perfekt zu sein. Dadurch ist meinem Leben eine große Last genommen und es ist freier, leichter, lustvoller geworden. Dennoch tauchen immer wieder alte Ängste und Zwänge auf und zugleich die Hoffnung, sie endgültig zu überwinden. So stark wie diese Hoffnung, ist die Sehnsucht aufzubrechen. Nicht in andere Städte oder Länder, sondern in diesen inneren Raum, an dessen Schwelle ich mich fühle, in dem Zur-Ruhe-Kommen und Nach-Hause-Kommen sich erfüllt, ganz unabhängig von Anerkennung und Verletzung.

Mit der Frage nach dem Lebenssinn habe ich mich schon über Jahrzehnte auseinandergesetzt. Lange war ich der Auffassung, daß ich dazu da wäre, meine Eltern glücklich zu machen, die Harmonie ihrer Ehe aufrechtzuerhalten und den Ansprüchen meiner Eltern zu entsprechen. Diese Bürde zu tragen, darin sah ich meinen Lebenssinn. Gott sei Dank ist das heute ganz anders. Die Einzelteile meines Selbst zu einem Ganzen zu fügen – darin besteht meine Aufgabe, und das gibt mir Sinn. Ich möchte mich so zeigen, annehmen und lieben können, wie ich bin.

Was mein Frausein und meine Frauenrolle anbelangt, bin ich sehr von den Erwartungen meiner Eltern geprägt worden, habe aber deren Erwartungen letztlich immer umgangen. Ich wollte nie als Ehefrau so sein, wie ich eigentlich schon als Tochter war: aufopfernd, stützend, sich selbst verleugnend. Gerade weil ich dazu neige, mich leicht aufzugeben, war es notwendig, auf meine Unabhängigkeit zu achten. In Partnerschaften sah ich eine Einengung dieser Unabhängigkeit. Mit meinem Lebens- und Liebesgefährten lebe ich am Wochenende und in freien Zeiten gemeinsam in einem Haus in der Lüneburger Heide. Im Alltag leben wir in derselben Stadt, aber in getrennten Wohnungen. Das ist für uns

Angela W. Röders

beide die ideale Lebensform. Ich mochte noch nie den Alltag mit einem Partner teilen. Die Freude, sich immer wieder neu zu begegnen, erhält unsere Partnerschaft lebendig und vertieft sie. Es ist ideal, und dessen bin ich mir auch bewußt. Eine solche Partnerschaft sehe ich als eine Bereicherung meines Lebens an, aber sie ist nicht die einzige Erfüllung.

Sexualität ist mir heute nicht mehr so wichtig. Es ist wunderbar, Wärme zu erleben, und ich genieße die Zärtlichkeit. Meine Eltern haben mich sehr prüde erzogen. Alles, was mit Körper und Sexualität zu tun hatte, war lange für mich mit Schuldgefühlen verbunden.

Bei männlichen Menschen denke ich an Regel, Norm und Leistung, Perfektionismus, hohe Ansprüche und Unnachgiebigkeit. Das, was in einer männergeprägten Gesellschaft passiert, löst in mir Empörung und Wut aus. Die Normen einer solchen Gesellschaft empfinde ich als unnatürlich und lebensfeindlich. Frauen haben in dieser Männerwelt immer noch nicht die Möglichkeit, sich Raum und Gehör zu verschaffen. Es gibt auch Männer, die weibliche Menschen sind. Mit weiblichen Menschen verbinde ich in erster Linie Intuition und Selbstwahrnehmung. Der Psychoenergetiker Peter Schellenbaum ist exemplarisch für den feinfühligen, intelligenten »spürbewußten« Mann. Frauenfreundschaften haben einen großen Wert in meinem Leben. Sie stärken und inspirieren mich. Männliche Freunde habe ich nur wenige.

Meine Tochter ist jetzt zweiundzwanzig. Nachdem ich gelernt habe, mir und ihr meine Fehler einzugestehen und sie erwachsen wird, ist unser Verhältnis zueinander offen, vertrauensvoll, lebendig und spannend. Wir wagen die Nähe zueinander und haben keine Angst, voneinander abhängig zu sein.

Mit dem Frausein in der Gesellschaft habe ich mich durch meine Arbeit auseinandergesetzt. Ich habe viele Solostücke gespielt, die brüchige, selbstverleugnende, exemplarische Frauenschicksale beschreiben. Mein Antrieb, diese Frauen darzustellen, resultierte häufig aus der Ungerechtigkeit und Widernatürlichkeit der Männergesellschaft. Mir lag daran, auf die Gewaltsamkeit und verformenden Ansprüche hinzuweisen. Wenn ich eine andere Gabe gehabt hätte, als mich über Rollenarbeit auszudrücken, wäre ich, glaube ich, sehr radikal und unnachgiebig in meiner Empörung.

Das Verhältnis zu meinem Elternhaus, besonders zu meiner Mutter, betrachte ich heute als gelöst. Wie das für sie ist, kann ich schwer beurteilen, sie ist heute zweiundachtzig Jahre alt und in letzter Zeit etwas konfus. Trotzdem merke ich, daß sie nicht mehr die Grenzen überschreitet und mich respektlos behandelt. Früher – und noch bis vor gar nicht so langer Zeit – konnte sie mich regelrecht zerstören, durch einen Satz wie: Du bist nichts, hast nichts, kannst nichts. Trotzdem hatte ich lange Zeit ein immenses Mitgefühl für diese Art, mich zu zerstören. Jetzt sehe ich, daß sie so lebt, wie ich nie leben könnte und hoffentlich auch im Alter nicht leben werde. Diese Art, das Leben zu verneinen, ist mir fern, und sie hat sich mittlerweile auch damit abgefunden, daß ich ein anderes Leben führe, als sie für mich gewünscht hatte.

Mein Vater war sehr komplex. Er hatte ein großes, altes Familienunternehmen zu führen, gleichzeitig war er ein sehr musischer, intuitiver Mensch. In unserer Beziehung lagen Liebe und Schmerz sehr eng beieinander. Seine Welt war die der Literatur, der Musik, des Theaters, der Oper, in diese Welt führte er mich ein, sobald ich erwachsen wurde. In der Kindheit stand er mir fern. Uns Kinder hat er ganz offensichtlich als störend empfunden. Als ich Gesprächspartnerin wurde, seine Neigungen teilte und lebte, kamen wir einander sehr nah. Für meinen Beruf bewies er Unterstützung und Interesse. Alle meine Vorstellungen hat er mehrfach besucht.

Die Karriere, die ich gewünscht und erhofft hatte, habe ich nicht gemacht. Vieles hat mich blockiert und gehemmt. Aber die Sehnsucht zu wachsen ist wachgeblieben. Nie hätte ich vermutet, wieviel Glück mir das Unterrichten bereitet. Ich erlebe es als eine echte Beglückung, wenn sich die Blüte der Begabung bei einer Schülerin oder einem Schüler öffnet. Lange habe ich davon geträumt, eine eigene kleine Bühne zu haben. Auch für das Alter konnte ich mir vorstellen, zu spielen und mittendrin zu sein. Heute bin ich mir nicht mehr so sicher, ob ich mit siebzig noch auf die Bühne will, vielleicht möchte ich mich dann einfach an dem erfreuen, was ich habe, aus dem Fenster schauen verschiedene Bücher lesen, in der Natur sein.

Über mein Älterwerden habe ich mir schon Gedanken gemacht. Ich würde gerne ein großes Haus besitzen und so gestalten, daß ich dort mit Freunden und natürlich auch mit meinem Partner leben könnte. Ich hoffe sehr, daß wir zusammen alt werden können, es ist die erste Beziehung, in der ich die Vorstellung habe, daß sie ewig hält. Mit Konflikten kann ich schlecht umgehen. Dieses Feld entwickelt sich gerade vom Brachland zu einem Acker, auf dem schon ab und zu etwas gepflanzt wird, aber noch wenig geerntet. Ich habe große Schwierigkeiten mit Aggressionen und ich muß erst lernen, sie überhaupt wahrzunehmen und auszusprechen. Manchmal gelingt es mir schon.

Existenzängste habe ich keine. Das hängt wohl damit zusammen, daß ein Grundzug meines Wesens Vertrauen ist. Ich habe meinen Glauben, durch den ich mich aufgefangen fühle, auch wenn ich Durststrecken erlebe. Dieser Glaube an eine andere Ebene als die irdische ist so vertraut, daß es schwierig ist, darüber zu sprechen. In vielem, was ich erlebe, sehe ich deutliche Beweise und Zeichen einer anderen Ebene.

Mit dem Tod habe ich mich schon lange beschäftigt, unter anderem durch Todesmeditationen. Tod bedeutet das loszulassen, was mir jetzt wichtig ist oder was mich an das Leben und die Menschen hier bindet. Die Vorstellung, zu sterben, macht mir keine Angst, alles zu lassen, hat für mich etwas mit Freiheit zu tun. Ich möchte nur gerne bewußt Abschied nehmen können.

MARIA THEOPHILA RUDOLPH
ORDENSSCHWESTER, KRANKENHAUSOBERIN UND
KRANKENHAUSSEELSORGERIN, JAHRGANG 1934

Gott ist der Mittelpunkt meines Lebens

Sensibel sein für die Stimme in mir, die mir hilft, zu erkennen, was mein Weg ist. So bin ich heute auf diesem Weg, hervorgegangen aus einer kinderreichen Familie. Die Mutter starb, als ich zwölf Jahre alt war, schon früh galt es für mich, Verantwortung zu übernehmen. Geprägt durch den Vater, der mir bis heute Vorbild ist in seiner geraden, ehrlichen und offenen Haltung. Fähig sein, Beziehungen zu haben, sie zu pflegen, aus ihnen zu leben. Nicht alles selbst bewirken wollen, sondern es geschehen lassen.

Ich stamme aus einer Familie mit neun Kindern und erinnere mich, daß ich mich schon in meiner frühesten Kinderzeit, als Erstkommunionkind, ganz besonders angesprochen fühlte von Christus. Der Gedanke, ins Kloster zu gehen, kam mir noch nicht, wohl aber ganz für Gott da zu sein. Bei den ersten Freundschaften habe ich immer gedacht: nein, ich nicht, ich gehe ins Kloster. Zum Gebet und zu Gottesdiensten fühlte ich mich innerlich schon besonders hingezogen und habe dann mit achtzehn Jahren konkret Schritte unternommen, in ein Kloster einzutreten. Es gab eine Tante, die Schwester meines Vaters, die Vinzentinerin war. So war es keine große Frage, wohin ich gehe: natürlich zu den Hildesheimer Vinzentinerinnen. Mit neunzehn Jahren war der Drang sehr stark, und so wie eine Frau sich für einen bestimmten Mann entscheidet, so habe ich mich entschieden, für Christus ins Kloster zu gehen und diesen Lebensstand so zu leben, anzunehmen. Ich bin seit 1955 im Kloster; 1957, am 5. September, habe ich die ersten Gelübde abgelegt. Und ich kann sagen, daß ich auch nach dieser langen Zeit, es sind mehr als vierzig Jahre, glücklich bin.

Seit Dezember 1994 bin ich hier in Göttingen. Zunächst war ich zwei Jahre in der Krankenhausseelsorge tätig, bis ich im März 1997 von der Generaloberin zur Oberin dieses Krankenhauses berufen wurde. Ich bin sehr gerne hier, denn, wie in meiner langjährigen Aufgabe als Schulleiterin in einer Krankenpflegeschule in Hildesheim, fühle ich mich gefordert, aber nicht überfordert. Ich lebe hier im Haus in einem Konvent mit sechs Ordensschwestern, davon sind zwei über achtzig Jahre alt, eine Mitschwester ist über sechzig, und die beiden jüngeren sind noch keine sechzig Jahre alt. Wir haben eine feste Tagesordnung mit gemeinsamen Gebets- und Essenszeiten. Am Morgen, zur Mittagszeit und am späten Nachmittag. Täglich feiern wir in unserer Hauskapelle die Eucharistie, zu unterschiedlichen Zeiten, dreimal wöchentlich ist um 18.30 Uhr eine Abendmesse.

Der Konvent ist unsere Familie. Es ist unser Anliegen, wirklich eine Gemeinschaft zu sein: eine Lebens- und Gebetsgemeinschaft. Wir teilen unsere Aufgaben miteinander, teilen uns gegenseitig mit und feiern gemeinsam Feste. So zum Beispiel in den letzten Wochen Fasching, dann den 85. Geburtstag einer Mitschwester, den Namenstag der Oberin und ganz besonders unsere Ordensfeiertage. Wir sind Vinzentinerinnen und seit 1857 in Hildesheim. Unsere Hauptaufgabe liegt in der Kranken- und Altenpflege, der Kindererziehung und der

Maria Theophila Rudolph

Jugendarbeit. Wir haben eigene Krankenhäuser, Altenheime, Kindergärten, eine Schule für Sozialpädagogik und Krankenpflegeschulen.

Die Liebe zu Christus ist immer wieder neu. Als ich fünfundzwanzigjähriges Ordensjubiläum hatte, war das ein guter Anlaß, auf das, was gewesen ist, zurückzuschauen und auch das anzuschauen, was kommt. Da habe ich ganz neu und ganz ernst »ja« gesagt zu diesem Lebensstand, zu diesem Leben im Kloster. Ich habe es als meinen Weg erkannt und diesen Weg neu bejaht. Das macht mich innerlich froh. Wie Menschen in einem anderen Lebensstand verheiratet leben oder ledig in der Welt sind, so ist es für mich dieser Weg, der meinem Wesen und mir persönlich entspricht. Das ist für mich stimmig und läßt mich glücklich sein.

Zu meiner Berufung gibt es ein Erlebnis aus den letzten Kriegstagen: Als Kriegsgefangene durch unseren Ort geführt wurden und an unserem Haus in Vierer- oder Sechserreihen vorbeikamen, stand ich mit Freundinnen am Straßenrand und hatte ein Stück Brot in der Hand. Einer der Gefangenen nahm mir das Brot aus der Hand. Von da an haben wir immer wieder versucht, den Gefangenen Essen zuzustecken. In diesem Tun war mir das Bibelwort »Was ihr einem meiner geringsten Brüder oder Schwestern getan habt, das habt ihr mir getan«, sehr präsent, es ist mein Leitsatz geworden. Ich fühlte mich zu dieser besonderen Nachfolge berufen, ich hätte gar nicht anders gekonnt, als diesem Ruf zu folgen. Ich bin in meiner Entscheidung nicht enttäuscht worden, über all die Jahre nicht.

Als Ordensfrau Frau zu sein und mich als Frau zu fühlen, ist mir ganz wichtig. Also nicht abstrakt sein, unnahbar, sondern das zu sein, was eine Frau ausmacht: kontaktfreudig auf andere zugehen können, auch weich sein, einfühlsam, mitfühlen, mitleiden und mittragen können, Menschen in Freud und Leid zur Seite zu stehen. Wenn ich Visionen hätte und zwischen allen Möglichkeiten wählen könnte – ganz unabhängig von der Realität –, dann gingen meine Wünsche in die Weite, nämlich Stewardeß zu sein oder Zugbegleiterin. Oder auch Reiseführerin in fremden Ländern. Ein Psalmvers, der mich begleitet: »Du führst mich o Herr ins Weite, Du machst meine Finsternis hell.«

Ich kann sagen, daß die Erziehung im Kloster zu meiner Zeit und vorher sicher eine andere war, als sie heute ist. Es wurde mehr reglementiert, und es gab kaum Eigenverantwortung. Selbständigkeit war wenig gefragt. Die Oberin bestimmte, und die Schwestern haben sich untergeordnet. Wir legen auch heute die Gelübde des Gehorsams, der Ehelosigkeit und der Armut ab, und wir sind heute natürlich genauso in der Pflicht, gehorsam zu sein, aber es ist ein anderes Verständnis, es ist viel mehr Eigenverantwortlichkeit gefragt. Das bringt auch mehr innere Freiheit.

Ich sehe in einem männlichen Menschen jemanden, der mehr vom Verstand her lebt. Der vom Verstand her fühlt, entscheidet und reagiert, realistisch ist; darin sehe ich einen großen Unterschied zwischen einem männlichen Menschen und einem weiblichen. Mir ist sehr wohl bewußt, daß auch für den Mann die Anima wichtig ist und beachtet und gelebt werden will. Da ich ja nur mit Frauen zusammen lebe, finde ich es angenehm, auch mit Männern zusammenzuarbeiten; das ist bereichernd, und es wird ganzheitlich, wenn beide Anteile da sind.

Freunde zu haben ist mir ganz wichtig. Ich habe in Hildesheim einen Freundeskreis, sowohl Ehepaare als auch Priester und alleinstehende unverheiratete Frauen und Ordensfrauen. Dieser Freundeskreis hat mir bei einer ganz schweren Wegstrecke sehr geholfen. Die Kontakte zu den Freunden sind weniger geworden, aber wenn wir uns treffen, ist es, als hätten wir uns gerade verabschiedet. In Göttingen beginne ich jetzt, neue Freunde zu gewinnen. Ich habe meine innere Freiheit durch die Partnerschaft mit Christus, aber eben auch durch gute Kontakte zu Freundinnen und Freunden.

Das schwarze Kleid ist das eigentliche Ordenskleid und bildet zusammen mit dem schwarzen Schleier die Ordenstracht. Wir tragen auch graue Kleider und im Sommer sowie im Krankendienst weiß. Seit einigen Jahren können wir im Urlaub auch in Zivil gehen, und es ist ein gutes Gefühl, dieses Frausein auch ein Stück zu spüren. Im Urlaub, zum Beispiel an der See ganz zivil zu sein, sich von der Sonne bescheinen zu lassen oder sich dem Wind auszusetzen, das ist ein herrliches Gefühl. Doch genauso gern ziehe ich danach meine Ordenstracht wieder an.

Ich fühle mich körperlich nicht alt. Ich kann durchaus sehen, daß ich Falten habe und auch graue Haare, und daß die Haut nicht mehr so ist, wie sie vor Jahren war. Es stört mich nicht, ich fühle mich insgesamt richtig gut und aktiv. In den Füßen und Beinen habe ich keinerlei Beschwerden, die mich hindern könnten zu laufen. Ich laufe sehr gern, bin gerne in Bewegung. Im inneren Wachstum hat sich im Verlauf meines Lebens schon ein

Wandel vollzogen. Mit dreißig habe ich ganz anders gefühlt und reagiert, als ich das heute tue. Damals war ich die Kämpfende, es galt, mich zu profilieren, meinen eigenen Standpunkt zu finden, meine Frau zu stehen. Dann kam aber eine Zeit, da konnte ich lassen, zulassen und war gelassen; ich war nicht mehr davon abhängig, was andere von mir denken. Davon konnte ich mich völlig frei machen, und von da an ging es mir diesbezüglich wunderbar. Diesen inneren Reifeprozeß so nachzuvollziehen tut einfach gut.

Ich bin in einer großen Familie aufgewachsen, ganz besonders geprägt bin ich von meinem Vater. Nach drei Jungen war ich das erste Mädchen. Mein Vater war für mich eine ganz wichtige Person, groß, stark, obwohl er nur den linken Arm hatte, fehlte mir nichts an ihm. Eine Aussage von ihm ist aus der Erinnerung noch präsent: »Du mußt Dir bei allem, was Du tust, etwas denken. Lauf nicht so unbedacht ins Leben.« Er ist 1967 gestorben. Geprägt hat mich sicher auch der sehr frühe Tod meiner Mutter, die schon 1946 mit erst zweiundvierzig Jahren starb. Damals waren wir sieben Kinder. Der Tod der Mutter war sehr schmerzlich. Mein Vater hat wieder geheiratet. Aus dieser Ehe stammen noch zwei Geschwister. Als ältestes Mädchen mußte ich schon sehr früh Verantwortung übernehmen. Das Leben in meiner Jugendzeit war sehr reich an Arbeit: im Haushalt, im Garten, auf dem Feld. Im Sommer mußten wir oft um 4 Uhr aufstehen und schon, bevor die Schule begann, hatten wir Rüben oder Tabak gehackt oder Unkraut gejätet. Es blieb nur wenig Zeit für ein Frühstück, im Eiltempo in die Schule, mehr oder weniger mit dem Bedürfnis, sich nach der Arbeit auf dem Feld auszuruhen. Schularbeiten zu machen, war oft nicht möglich, die Arbeit hatte Priorität. Bei der Wiederverheiratung unseres Vaters war ich dreizehn Jahre alt und die jüngste Schwester sechs Jahre. Ich fühlte mich ein wenig in der Mutterrolle für die jüngeren Geschwister. Trotz allem hatte ich eine schöne Jugend und das lag ganz wesentlich an meinem Vater. Als Mittelpunkt einer großen Familie war er es, der uns Glaube, Hoffnung und Liebe vermittelt hat. Er hat mir Mut gemacht, meinen eigenen Weg zu gehen. Wir konnten in Geschwisterlichkeit aufwachsen und haben unter uns Geschwistern einen guten Zusammenhalt, das ist für mich etwas, das mein Leben im Kloster trägt und reich macht.

Mit Aggression konnte ich schon als Kind schlecht umgehen. Selten schlug ich zurück. Auch heute leide ich mehr, als daß ich mich wehre. Es macht mich ohnmächtig und bringt mich völlig aus dem Lot. Ich bin dann nicht mehr in der Mitte und brauche Zeit, um wieder dorthin zu gelangen.

Die Kriegszeit habe ich als Kind in unserem Dorf hauptsächlich über Rundfunk und auch durch Gespräche in der Familie erlebt. Im Ort waren französische Gefangene, mit denen hatten wir Kinder einen guten Kontakt und konnten nur schwer verstehen, daß das von den Aufsehern nicht gewünscht war. Eine böse Erfahrung habe ich im engsten Umkreis gemacht. Mehrere Personen, die früher Freunde unserer Familie waren, wurden SS-Soldaten und verhielten sich plötzlich ganz anders, besonders auch meinem Vater gegenüber, bis hin zu Mordandrohungen. Aufregend war immer wieder der Bombenalarm, dann mußten wir uns  häufig in Erdbunkern aufhalten. Wertgegenstände waren aus dem Haus an sichere Plätze gebracht worden. Täglich mußten mit dem Beginn der Dämmerung alle Fenster und Türen verdunkelt sein. Bei uns sind keine Bomben gefallen, doch haben wir beobachten können, wie Kassel bombardiert wurde, dann war der Himmel feuerrot. In den letzten Kriegstagen wurden Barrieren im Ort errichtet, um den Einmarsch der Siegermächte zu verhindern. Dafür wurden Volkssturmgruppen zusammengerufen, zu denen auch mein Vater, obwohl er nur einen Arm hatte, abkommandiert wurde. Das waren bedrückende Situationen, die mir viel Angst gemacht haben. Als dann von den Besatzungsmächten die Zonen aufgeteilt wurden, entstand direkt hinter unserem Ort die Grenze, da begann die DDR. Wir hatten Angst und Sorge, die Russen könnten bis in unseren Ort kommen. Bis zum Mauerbau bestand die grüne Grenze; viele flüchteten aus der DDR über diese

Grenze, so kam es immer wieder zu Grenzzwischenfällen, bei denen Flüchtende schwer verletzt wurden. Ich hätte nie geglaubt, daß diese Grenze jemals wieder geöffnet würde. *Gott ist der Mittelpunkt meines Lebens.* Das kann ich so sagen. Und Gott ist der liebende Gott. ER ist nicht der Strafende, ER hat uns zuerst geliebt und uns die Fähigkeit geschenkt zu lieben. Aus dieser Liebe zu Gott gestalte ich mein Leben. Ich lebe geborgen in IHM und in der Gemeinschaft der Schwestern.

Ich habe keine Angst vor dem Sterben, ich weiß, daß mein irdisches Leben zu Ende geht und lebe in dem Glauben an ein Wiedersehen mit den Menschen, die mir vorausgegangen sind. In meiner Arbeit hier im Krankenhaus komme ich häufig mit dem Tod in Berührung. Ich begleite die Sterbenden bis zum letzten Atemzug, sie sterben nicht allein. Dabei kann ich oft Wunderbares erleben und fühle mich reich beschenkt durch die frohe, reife und gefaßte Haltung der Sterbenden. Gottes Liebe an uns ist ein großes Geschenk.

Heidrun Schaberg-Bereznicki
Steuerberaterin, Jahrgang 1944

Meine Wahrheit ist zumutbar

Als ich neununddreißig Jahre alt wurde, er-
krankte ich an Krebs, und seitdem teilt sich
mein Leben genauso auf: »Vor der Krankheit«
und »Nach der Krankheit«. Vor der Krankheit
habe ich Zeit meines Lebens getrennt von den
Anteilen meiner selbst wie hinter einer Wand
gelebt. Darüber mußte ich krank werden. Der
Prozeß der Krankheit und eine leidenschaftlich leidvolle Auseinandersetzung mit mir und
meiner Ehe und Familie öffneten mir den
Zugang zu meiner Seele, in die ich langsam
beides, Licht und Schatten, hinein nehmen
konnte. Beides gehört heute zu mir, zu meiner
Wahrheit, die mich freigemacht hat, die mich
mit und für andere durchsichtiger werden ließ.
Licht und Schatten sind die Pole, zwischen denen ich mich heute berge. Sie stellen mich immer wieder vor die Aufgabe, in meinem Denken und Handeln die Balance zu finden und in
das Kommen und Gehen in meinem heutigen
Leben einzuwilligen. Nach meiner Krankheit
und dem Fortgehen meines Mannes und dem
Gemeinsam-mit-Gisela-Leben bin ich hinein
gereift in eine von meiner ganzen Person über-
nommene und verantwortete Freiheit.

Mein Lebensgefühl heute ist vergleichbar mit dem einer Reisenden. Ich hatte immer den Wunsch, einmal am Bahnhof meines Lebens anzukommen. Dafür mußte ich sehr viel umsteigen. Einmal war ich gezwungen, einen großen, ganz wichtigen Umsteigebahnhof zu benutzen, aber im Prinzip war ich eine Kurzstreckenfahrerin, die häufig auf toten Gleisen landete. Heute, das kann ich mit einer großen tiefen Freude sagen, bin ich angekommen. Nicht an der Endstation, sondern an einem Punkt, von dem aus ich zu einer neuen Reise starten kann. Ich liebe und schätze unser jetziges Alter unendlich und habe eine ganz große Freude, wenn ich nach vorne gucke.

Frau in dieser Generation zu sein, ist umwerfend schön. Wir sind ja als Kinder noch total in diesen Muff, in das Verklemmte und die moralische Enge hinein geboren worden. Die Gleichberechtigung stand damals nur auf dem Papier. Ich habe lange gedacht, daß ich nicht normal sei, daß ich doch so sein müsse wie die anderen Frauen, also heiraten, Hausfrau, meinetwegen noch einen Beruf. Mit dieser Sehnsucht nach Würde, Selbständigkeit und Gleichberechtigung, stieß ich immer auf Grenzen und konnte nicht begreifen, daß wir nicht nur einfach männliche und weibliche Menschen waren. Diese Ungerechtigkeit und dieses Denken der Männer. Und dann kam Alice Schwarzer und hat in ihrem »Kleinen Unterschied« das alles ausgedrückt. Da war es dann eine Lust zu leben, weil ich mich nun auch äußerlich ausdrücken konnte. So ist es heute einfach gut, als Frau zu leben, die diese urharten Kämpfe, Existenzkämpfe vielleicht, nicht mehr machen muß. Frauen können heute, wenn sie ein Stückchen Mut zu ihrem Leben haben, zu ihrem Charakter, die Angst ihres persönlichen Lebens überwinden und Wege gehen, die es vor uns so nicht gab.

Mann und Frau sind noch sehr getrennt. Es wäre schön, männlicher Mensch und weiblicher Mensch zu sagen, dann ist der Mensch in der Balance. Dann hat der Mann seinen weiblichen Anteil gefunden, er öffnet seine Seele und beginnt, Fenster und Türen aufzumachen. Er hat sonst keine Zukunft. Ich denke, die Frau ist ein weiblicher Mensch geworden oder ist unterwegs dahin. Der Mann ist erst in den Anfängen, aber er wird diesen Weg auch gehen, dann werden sich beide begegnen und ehrlich und gut auseinandersetzen können.

Mit Männern hatte ich Zeit meines Lebens Schwierigkeiten. Sie waren mir immer seelisch so fremd, kalt, fern. Heute leide ich nicht mehr darunter. Ich sehe es und sage: »Ja, es ist

Heidrun Schaberg-Bereznicki

so.« Mir ist irgendwann klar geworden, daß ich im fachlichen Berufsgespräch mit jungen Männern genauso umgehen kann wie mit Frauen, daß ich dann auch etwas von den Menschen erfahre. Und daß sich da schöne Gespräche ergeben, wie man sachte zusammenwächst mit leiser Sympathie; immer noch ganz klar mit Distanz. Aber es gibt sie nach wie vor, die Männer: narzißtisch, wollen immer im Mittelpunkt stehen, immer bewundert werden. Dann schenke ich ihnen ihre kleinen Streicheleinheiten. Aber dann ist auch gut. Natürlich ist mir die Frau immer näher. Es ist einfach umwerfend toll, was zwischen Frauen passiert. Sie sind warmherzig, offen, frech, mutig. Als ich geheiratet habe und meinen Mädchennamen gegen den Namen des Mannes tauschen mußte, gab es schwierige Auseinandersetzungen, weil ich sagte: »Du, ich kann das nicht. Ich habe meinen herrlichen, verrückten Namen seit fünfundzwanzig Jahren. Der hat eine Geschichte und mir eine Identität gegeben, als ich keine hatte, weil ich unehelich geboren worden bin.« Ich wollte mich diesem Gesetz nicht fügen! Doch dann meldete sich meine Erziehung, und ich habe den Kompromiß gewählt. Immer den Kompromiß. So habe ich meinen Namen an den meines Mannes gehängt.

In einer männlich-weiblichen Partnerschaft sollte jeder sein eigenes Zimmer haben. In einem sehr schönen Chanson heißt es: »Laß mir meinen Stern und siedle auf dem Deinen, denn die Liebe, sie darf nicht wie Leim sein« und zum Schluß: »Laß Dein Licht am Abend scheinen, daß wir uns grüßen«. Das verstehe ich unter Partnerschaft – wir müssen nicht lernen zu halten, sondern zu lassen – und habe mein Leben lang versucht, danach zu leben. Ich habe erlebt, wie Menschen erkalteten, sprachlos wurden und wollte verstehen, wie das entstand, wo man Weichen stellen muß. Das habe ich in meiner Ehe, denke ich, gut gemacht.

Mein Mann und ich hatten eine kritische, offene, liebenswürdige und auch zärtliche Partnerschaft. Von Anfang an. Bei allem Zweifel, ob es normal sei für eine Frau, alles zu wollen, habe ich mich dann doch verwirklichen können. Wir wollten beide einen Beruf und wir wollten Kinder. Wir haben immer alles gemeinsam gemacht. Die Kinder sind wirklich mit dem Vater und der Mutter groß geworden, und wir haben beide unseren Beruf ausgeübt. Dann, im Laufe meiner Ehe, konnte ich dieses stete eben doch Getrenntsein zwischen Mann und Frau nur schwer ertragen. Ich stellte fest, daß ich am liebsten mit einer Frau zusammen leben würde, weil ich diesen Gleichklang der Herzen schon erlebt hatte. Meine ganze Seele wurde so unendlich liebevoll, die mußte sich nicht immer zudecken, verteidigen, verstecken. So habe ich während der Ehe entdeckt, daß das Hingezogensein zu einer Frau ein Teil meines Wesens ist. Diese Erkenntnis war zutiefst leidvoll für unsere Ehe. Unsere Seelen begannen zu sterben. Meine Krebserkrankung in dieser Zeit der Auseinandersetzung konnte nur eine Folge meines seelischen Todes sein. Sie veränderte mein inneres Leben total. Es gab für mich nur noch eins: den absoluten Weg zu gehen, meine Wahrheit zu finden. Und wenn es meine Wahrheit ist, muß ich keine Angst haben, sie zu leben. Meine Wahrheit ist zumutbar! Auch wenn der andere darunter leidet, wir müssen versuchen, uns damit auseinanderzusetzen, denn das bin doch ich. So gern' hätte ich den Part mit einer Freundin in meine Ehe integriert. Das ist nicht möglich gewesen. Ich hätte auf die Beziehung zu einer Frau verzichten müssen, mich verleugnen müssen. Also ist mein Mann gegangen, und es gab ein halbes Jahr des tiefen Schmerzes, des Alleinseins, der Trauer über unsere Wahrheit.

Jetzt lebe ich ja mit einer Frau zusammen und bin ganz verzückt, so ein Hinströmen zu erleben. Dieses ›sei ein bißchen fern‹ meines Chansons gibt es nicht mehr; jeden Abend zusammen, in der Nacht auch noch spüren, daß die andere da ist und morgens gemeinsam aufwachen. Wir sind in der Balance. Es hat sich eine unendliche Kraft mit dieser Frau entwickelt. Ich habe so eine Liebe in meinem Leben noch niemals erlebt. Ich stehe wie ein Sternenkind davor, daß Liebe so etwas bewirkt, daß sie mich so liebevoll macht, so weich und daß ich die Verantwortung, obwohl mit bangem Herzen, übernehmen konnte. Auf einmal mußte ich den Part leben, den ich vorher nie gewagt hatte: das Kämpfen nach außen, Verantwortung übernehmen. Ich hatte ja immer einen starken Mann neben mir, an den ich mich anlehnen konnte. So war ich gleichzeitig frei und hatte doch große Angst. Ich versuchte, meiner Wahrheit von Angesicht zu Angesicht zu begegnen und spürte, daß ich gar keine Angst haben muß: ich vertraue.

Durch meinen Glauben fühle ich mich getragen. Über mir ist jemand, der mein Schicksal in sanften Händen hält und der Sinn meines Lebens ist, darauf zu achten, zu horchen, welche Zeichen er mir gibt. Auch in meinen traurigsten und verzweifeltesten Zeiten war immer dieser Trost: alles hat seine Zeit. Jetzt bist du traurig, jetzt ist es schwer. Es wird eine andere Zeit geben. Zum ersten Mal in meinem Leben bin ich wirklich zu Hause. Ich bin also angekommen. Ich muß nicht mehr umsteigen. So, wie es jetzt ist, ist es gut. Es ist wunderbar, daß ich die Möglichkeit habe, so selbstverständlich mit einer Frau zusammenzuleben. Ich hatte nur noch Bedenken, es meiner Mutter zu erzählen. Aber meine Schwester sagte sehr lieb zu mir: »Du kannst unserer Mutter etwas zumuten.« Als ich es ihr sagte, antwortete sie mit einem tiefen Weinen: »Ich möchte, daß Du glücklich bist!« Da wußte ich: Die Wahrheit ist zumutbar.

Meine Sexualität, das hat etwas mit Ankommen zu tun, mit sich im reinen sein, sich gefunden zu haben; ich weiß, wer ich bin, stehe zu mir. Es gibt kein Getrenntsein mehr. Ich kann geben und nehmen, behutsam in einer schönen Offenheit und Zärtlichkeit. Und mit so viel Achtung. Ich fühle mich frei und lebendig.

Meine schwierige Kindheit hat einen suchenden Menschen hervorgebracht. Diese Eltern, dieses enge Zuhause, dieses Unehelichsein, dieses Gefühl, nichts wert zu sein, mutlos, gar nicht kämpferisch erzogen. Immer angepaßt. Also habe ich mir alles selbst erarbeitet! Ich hätte mich ja auch anpassen können. Aber das ist mein Schicksal. Das brauchte ich zu meinem Leben, so bin ich geworden wie ich bin. Deswegen kann ich heute im Rückblick nur sagen: vielen Dank, liebe Mutter, vielen Dank, lieber Vater!

Mein eigenes Muttersein ist ein schwieriges Thema für mich. Habe ich als Mutter versagt? Es ist mir nicht gelungen, aus den Erfahrungen in meinem Elternhaus zu lernen und es bei meinen Söhnen besser zu machen. Ich bin damals zu sehr gedrillt worden, deswegen war mein inneres Gefühl, meine Söhne zu lassen. Ich bin auch von den 68ern beeinflußt und dachte immer, ich will nur Vorbild sein. Doch sie lernten nicht von mir, ich habe ihnen nicht genug Grenzen gesetzt. Mein eigenes von mir selbst Getrenntsein, meine fehlende Identität bis zu meiner Erkrankung haben eine durchsichtige Wand zwischen mir und meinen Kindern entstehen lassen, die mir erst während unserer Familienauflösung schmerzlich bewußt geworden ist. Meine Geschichte hat bei meinen Kindern Spuren hinterlassen. Dennoch, ich kann es heute nicht rückgängig machen. Ich weiß, daß ich meinen Kindern nicht so viel Gutes mit auf den Weg gegeben habe, wie ich wollte, und daß sie es schwer haben in der Welt.

Natürlich merken auch die Freunde, daß durch meine Lebenssituation mit Gisela etwas Neues eingetreten ist. In Gisela habe ich jetzt alles. Ich habe die Busenfreundin, die Mitstreiterin, die Partnerin, die Liebende – alles in einer Person. Und deswegen bin ich am liebsten mit ihr allein, das war auch eine Zeitlang ganz wichtig. Aber jetzt haben wir beschlossen, unsere Tür wieder ganz weit aufzumachen, andere einzulassen und hinauszugehen.

Auch in meinem Beruf hat sich vieles verändert. Ich arbeite ganz bewußt nur mit Frauen zusammen. Das habe ich mir von Anfang an gewünscht. Weil Gisela ja nicht mehr im Berufsleben steht, habe ich jetzt den Part übernommen, für unser Leben zu sorgen. Unser Traum war, in der schönen Wohnung gleichzeitig zu leben und zu arbeiten. Ich habe das andere Büro aufgelöst, wollte nicht morgens aus dem Haus gehen in ein fremdes Büro und abends wiederkehren, sondern daß zwischendurch die Tür aufgeht und sie reinkommt, und wir uns einfach mal in den Arm nehmen. Daß ich mein Leben so leben darf, ist ein Geschenk. Da muß ich doch gar keine Angst haben, wenn ich so beschenkt werde, auch wenn sich dieser Beruf wandelt durch den PC, und vieles jetzt von den Mandanten selbst gemacht wird. Ich bin stolz auf meinen Beruf, finde es schön, daß ich ihn habe und daß ich selbständig bin, weil ich eigentlich doch über alle Zeit der Welt verfüge.

Daß ich heute ›Ja‹ zu Aggression sagen kann, hängt sicherlich auch mit dem Älterwerden zusammen. Früher hatte ich Angst davor, wollte zudecken und mich versöhnen. Heute mache ich es anders: Wenn sich mit meiner Mitarbeiterin mal etwas angesammelt hat, dann gibt es nur einen Weg: Undine und ich gehen gemeinsam essen, machen uns einen

wunderbaren Abend und sagen uns alles ganz ehrlich. Dann ist die Straße wieder frei. So ist mein Weg, mein bester Weg.

Ich kann eigentlich nur dankbar sein, daß ich in der Nachkriegszeit groß geworden bin. Ich habe mir erst später Informationen aus Büchern wie »Anne Frank« geholt und bin dadurch politisch geworden. Ich hörte die Politiker über die Stunde Null reden und fragte mich, was das wohl bedeute: alles weg, Null, Neuanfang? Wie mache ich das denn? Und diese ganze Auseinandersetzung habe ich intensiv mitbekommen, wie sich hier mit der Geschichte auseinandergesetzt wurde, nämlich gar nicht, sondern zugedeckt verleugnet wurde, wie Geschäfte gemacht wurden. Deshalb bin ich in dem Verein »Frieden schaffen ohne Waffen«. Zutiefst bewegt und fasziniert haben mich Rudi Dutschke in seiner Menschlichkeit, der Prager Frühling, die Menschen, die den Panzern entgegengegangen sind mit den Rosen in der Hand. In dieser Zeit bin ich groß geworden, so habe ich die Folgen des Zweiten Weltkriegs erlebt. Er hat unser ganzes Leben verändert und den Status Quo geschaffen, daß wir eben getrennt waren und immer Angst haben mußten. Immer! Es war für mich ganz klar, daß ich zu einer Generation gehöre, die in einer Aufbruchszeit lebt. Es ist ja doch etwas in die Welt gekommen in Deutschland, wenn auch die Demokratie anfänglich Schwierigkeiten hatte. Und Frauen gegen Krieg und Militarismus – daran habe ich mitgearbeitet. Wenn ich noch an Ulrike Meinhoff denke, wie habe ich diese Frau verstanden, zutiefst mit ihr gelitten! Wir werden andere Möglichkeiten der Auseinandersetzung haben, daran habe ich so geglaubt. Aber der Golfkrieg hat bei mir alles zunichte gemacht. Es sieht so aus, als hätten wir nichts gelernt. Seitdem bin ich sehr still geworden. In der Politik ist etwas, das mich ernüchtert, ich denke: Männer!

Ich mag unser Alter. Wenn ich uns alle anschaue, denke ich: Ja, so sehen wir aus mit fünfzig, schöne Frauen, viel Leben, auch schon so ein bißchen Abschied mit dabei. Ich hatte Angst, als ich das halbe Jahr alleine gelebt habe. Ich habe mich mit siebzig gesehen, mit einem Schlaganfall, erst nach drei Tagen gefunden worden und dann in ein Altersheim abgeschoben. Eine Nacht lang hatte ich eine grauenvolle Angst. Dann ging ich in meine Seele. Ich kam in ein Haus und mußte jede Tür öffnen. Hinter jeder Tür war ein Stück Antwort, und ich nahm diese Antwort und trug sie ins nächste Zimmer. Und im letzten Zimmer kam das letzte Wort, und das gab die Antwort. Ich habe die ganze Nacht gesessen und bin von Zimmer zu Zimmer gegangen. Dieses namenlose Alleinsein wurde mir in seinem ganzen Schrecken noch einmal vor Augen geführt.

Gisela und ich machen es uns jetzt schön. Nicht sparen auf irgend etwas, sondern jetzt unser Leben gestalten. Ich bin so stolz auf uns! Ich gehe so gerne mit ihr aus und zeige sie, weil sie eine schöne Frau ist in ihrem Alter! Und sie sollen es alle sehen und sie sollen sie angucken. Durch das innere Jasagen zu unserem Leben ist es wunderschön geworden. Manchmal bin ich ein bißchen traurig und melancholisch, weil ich denke, daß dieses Leben so schrecklich schön ist. Eigentlich müßte es nie aufhören, nie irgendwo am Ende sein, eben auch noch mit neunundneunzig ein bißchen lernen, toll! Gut, aber jetzt kommt die Einsicht: Alles hat seine Zeit, geboren werden, sterben. Ich wünsche mir, in Würde zu sterben. Das habe ich Gisela in die Hand versprochen und sie mir auch. Ich hoffe, daß ich keine Angst habe, wenn es so weit ist. Ich kann es nicht beantworten, wie ich dann damit umgehe.

Wie organisieren wir unser Alter? Der erste Gedanke ist, daß wir uns, so lange wir können, gegenseitig helfen. Nun haben wir aber den Altersunterschied, von daher ist ja das Leben jetzt schon Alter. Wir denken, was ein Pflegeheim kann, das können wir auch. Gut, wenn ich dann körperlich nicht mehr kann, werden wir uns jemanden Nettes holen, und die bekommt ein Gehalt. Eines ist ganz klar: Ich möchte im Alter nicht alleine leben! Ich gebe gerne ab und reduziere. Doch möchte ich auch im Alter nachts noch jemanden in der Küche auf ein Glas Rotwein treffen.

Ich habe keine Angst vor dem Sterben. Heute kann ich sagen, daß ich alles getan habe, was in meinem Vermögen steht, daß ich an diesem Lebensbahnhof angekommen bin. Gott ist für mich ja auch eine ganz tiefe Geistigkeit, die in dieser Welt Ordnung sichtbar geschaffen hat, und ich glaube, daß meine Seele in diese Geistigkeit eingehen wird und der Körper wieder dorthin geht, von wo er kommt – das ist eine schöne Ordnung. Ich fühle mich in diese Welt eingegliedert. Auch der Stein hat seinen Inhalt und seine Ordnung. Daß wir ein Teil des Ganzen werden, liegt mir sehr am Herzen. Gott hat eine lange Geduld mit uns, und er ist einsichtig und will uns die Erfahrung geben und die Möglichkeit, wieder anzufangen. Für mich persönlich ist wichtig, daß ich die Reise, bei der ich an diesem Bahnhof angekommen bin, weiterhin gut gestalte. Das heißt für mich immer nur: wahrhaftig. Was meine Ehrlichkeit ist, weiß ich. Da muß ich mich nicht mehr verstecken. Ich mache mir nichts mehr vor und laufe nicht mehr vor mir davon.

KÄTHE SCHMIDT
BÄUERIN, JAHRGANG 1936

Erstmal Käthe fragen ...

Ich brause nicht oft auf. Fresse es vielleicht in
mich hinein (denke viel darüber nach). Bei uns
gibt es kaum Streitigkeiten. Eine gute Ehe, die
jetzt schon siebenunddreißig Jahre besteht. Es
heißt füreinander einzustehen und sich ergän-
zen. Ehe muß auf einem festen Fundament stehen, und wir haben es uns erarbeitet. Das Glück
liegt auf der Straße. Mein Leben hat einen Sinn
und Erfolg. Ich habe nicht das Gefühl, etwas
versäumt zu haben.

Tja, was bin ich von Beruf? Bäuerin, Hausfrau, Mutter von fünf Kindern, Vorarbeiterin in der Eisfabrik, Ehefrau, Putzfrau, Flickfrau, und das alles ist sehr zufriedenstellend, denn ich fühle mich gebraucht. Ich habe nicht das Gefühl, irgendetwas in meinem Leben verpaßt zu haben. Ich organisiere viel, bin sehr aktiv, auch im Dorf, bei den Landfrauen, habe eine Tanzgruppe gegründet. Ich bin sehr bemüht darum, im Dorf Dinge zu initiieren, um das Dorf und die Traditionen lebendig zu halten. Ich will auch die alten Menschen aus ihren Häusern holen und ihnen etwas bieten. Wir machen einmal im Jahr einen Seniorennachmittag, und der ist sehr beliebt. Die alten Leute lachen und sind vergnügt darüber, daß sie mal etwas anderes hören und sehen. Die jungen Leute sind dabei und geben sich Mühe, der Bürgermeister ist dabei und Akkordeonspieler spielen Lieder zum Mitsingen. Ich fühle mich gebraucht, das ist ein gutes Gefühl. Es gibt viele, die bei meinen Aktivitäten mitziehen, viele aus der Tanzgruppe zum Beispiel, aber die Verantwortung trage stets ich, das war immer so. Erstmal Käthe fragen ist das geflügelte Wort.

Die Lebensgemeinschaft ist mir sehr wichtig, meine größte Aufgabe war es, in unserem Haus für Ruhe und Frieden zu sorgen. Ich hatte es damit die ersten zehn Jahre meiner Ehe nicht leicht. Wir waren eine große Familie. Mein Mann hat viele Geschwister, vier davon lebten bei uns im Haus und unsere Oma und eine Tante auch. Ich war erst vierundzwanzig Jahre alt, das war allerhand. Nachdem ich vier Monate im Haus war, starb die Oma. Ich war ganz alleine, die anderen waren alle auf dem Torfmoor und haben Torf gegraben, und die Oma schlief mir einfach ein, in ihrem Bett. Omas letzter Satz zu mir war: Ich habe Lust abzuschalten. Na, was soll ein so junges Ding, wie ich es damals war, mit sowas anfangen? Da bin ich zum Nachbarn gelaufen, dort war die Schwester der Oma, ich wiederholte den Satz, mehr konnte ich nicht tun.

Im Gegensatz zu der Generation meiner Mutter haben wir es doch einfacher, wir Frauen von heute. Wir entbehren nicht ganz so viel. Meine Mutter zum Beispiel, mußte sich alleine durchschlagen, sie lebte sehr viel bescheidener, als ich es je mußte. Hier auf dem Dorf ist die Mann-Frau-Frage nicht sehr wichtig. Die Männer sind in gewisser Weise übergeordnet, doch die Frauen haben viele Rechte und auch das Sagen, ihr eigenes Sagen eben, in ihren eigenen Bereichen. Wir Frauen hier versuchen nicht, bessere Männer zu sein. Wir wissen sehr wohl, was alles von uns abhängt, welche Macht wir als Frauen

Käthe Schmidt

haben, und daß wir Frauen im Dorf eine Art Bindeglied sind, das die Strukturen des sozialen Lebens erst ermöglicht.

Ich kann mir nicht vorstellen, anders zu leben, als ich lebe. Mit meinem Mann bin ich glücklich, manchmal wünschte ich, es wäre weniger Hektik, die durch unsere vielen Verpflichtungen entsteht. Ich achte sehr darauf, daß das Familienleben nicht untergeht neben all den alltäglichen Wichtigkeiten. Ja, ich würde alles wieder so tun, wie ich es tat. Ich wünsche mir, daß meine Kinder später für mich da sein werden, so wie ich immer für sie da war und bin. Sie sind sehr dankbar für all die Zuwendung, aber nun, wo noch ein Sohn heiratet und auszieht, wäre es schön, wenn wenigstens eines der fünf Kinder mit der eigenen Familie hier bei meinem Mann und mir bliebe. Ich kann mir nicht vorstellen, alleine zu leben, ohne meinen Mann. Wir haben alles gemeinsam gemeistert, meine Probleme und seine Probleme. Es war auch nicht immer einfach mit den Schwiegereltern, die unten im Haus lebten. Der Schwiegervater war ein so unzufriedener Mann. Alles haben mein Mann und ich gemeinsam besprochen, da gab es keine Geheimnisse, und wir waren stets zu zweit. Anders würde ich nicht leben wollen. Am Tag hatte man nicht viel Zeit zum Nachdenken, die Kinder waren immer um mich herum. Mein Mann hat tagsüber im Tiefbau gearbeitet, und abends war die Landwirtschaft dran, die Kinder hatten nicht viel von ihm. Der Jüngste hat ein bißchen mehr von seinem Vater mitbekommen, es existiert sogar ein Foto, da gibt mein Mann dem Jüngsten die Flasche.

Urlaub haben wir nie gemacht, das kannte man hier nicht, also hat es uns auch nie wirklich gefehlt. Mit fünf Kindern in den Urlaub zu fahren, das konnten wir uns nicht leisten, und wir konnten das Vieh ja auch nicht zurücklassen. Man ist auch ohne Urlaub durchs Leben gekommen. Vor kurzem haben wir einen Urlaub auf Marbella geschenkt bekommen. Das war letztes Jahr, da sind wir zum ersten Mal geflogen. Jetzt ist mein Mann viel zu Hause. Das hat unsere Beziehung selbstverständlich verändert. Aber die Liebe ist geblieben, bis heute. Man versteht sich nach fünfunddreißig Jahren Ehe besser und besser. Die Beziehung wird fester, denke ich.

Mein Vater ist 1943 sehr jung gestorben. Mein Bruder war vier und ich war sieben Jahre alt. Es war schwer für meine Mutter, mit uns durchzukommen. Sie hatte drei Kühe. Wir fuhren mit dem Fahrrad täglich zum Melken, dann war da der Krieg, dann das Kriegsende. Ich erinnere mich daran, wie die Engländer mit ihren Panzern durch das Dorf fuhren, wir hatten panische Angst. Wir beeilten uns, nach Hause zu kommen. Später beschlagnahmten sie das Haus. Überall schliefen sie, in allen Stuben. Nach ein paar Tagen wurde bei uns eine Kantine aufgebaut. Dadurch hatten wir natürlich Vorteile. Die Engländer gaben uns Weißbrot, das damals noch niemand kannte, und Tee und  Kakaopulver. Wir wollten das alles nicht annehmen, wir vermuteten, da wäre etwas nicht in Ordnung. Meine Mutter warnte uns »eet dat nich, eet dat nich!« Wir schliefen damals in der Küche, die benahmen sich, als gehörte ihnen das Haus, es waren eben die Sieger. Wir versteckten uns in einem kleinen Zimmer, dort lagen wir, hatten die Tür fest verschlossen, in panischer Angst. Wir hatten zu Kriegszeiten unser Hab und Gut vergraben. Geschirr, Besteck, Silber, Leinen, alles hatten wir verbuddelt. Im Hof hatten wir einen Bunker gebaut, dort saßen wir nachts, allesamt. Irgendwann war der Krieg vorüber, ich begann meine Aktivitäten im Dorf. Ich war jahrelang Vorsitzende der Landjugendgruppe.

Mit fünfzehn war ich für das Erntefest aktiv, die Erntekrone binden und so weiter. Das habe ich dann auch den jungen Frauen beigebracht. Mir liegt viel am Weitergeben von Traditionen. Ich habe zwei Onkel, die wußten alte Tänze weiterzugeben, ich habe diese Tänze gelernt und auch wieder weitergegeben. Ein Onkel von mir kannte die ursprüngliche Musik, und so bewahrten wir allesamt eine alte Tradition. Ich habe eine alte Tracht von meiner Großmutter geerbt, die trage ich aber nur selten. Wir haben eine schöne Turnhalle, hier im Dorf ist Sport sehr wichtig. Wir treffen uns einmal die Woche zum Tanzen. Mein Mann ist seit jeher im Fußball aktiv gewesen, bis vor zehn Jahren. Nun sind es unsere Jungens, die Fußball spielen. Alle, nicht nur die jungen Leute unseres Dorfes treiben Sport, Volleyball, Völkerball, Tischtennis, Kinderturnen, Hausfrauenturnen, viele andere Sportarten.

Meine Nachbarin ist meine beste Freundin. Mit ihr bespreche ich auch Dinge, die ich mit meinem Mann nicht besprechen möchte. Außerdem sind wir sehr gut mit dem Bürgermeister befreundet, zu ihm habe ich wirklich ein großes Vertrauen. Ihm würde ich alles sagen, auf den kann ich mich verlassen.

Ich bin sechzig, mein Mann ist krank. Ich mache mir Gedanken um das Alter, um das eigene, um das Alter meines Mannes. Ich hoffe, ich bleibe noch lange bei Gesundheit, denn wenn ich nicht mehr fit sein würde, wäre das Leben hier sehr schwierig zu meistern. Aber wir haben ja auch die Kinder, die nahe bei uns sind und jedem von uns beistehen würden. Das ist ein gutes Gefühl. Ich sehe an meiner Schwiegermutter, sie ist jetzt zweiundachtzig und realisiert ihr eigenes Alter gar nicht wirklich, wie wichtig es ist, mit dem eigenen Alter umgehen zu können.

Ich denke, wir Frauen sind resoluter, stehen mehr im Leben, sind praktischer. Mein Mann will keinen Streit, wenn es darum geht, mal ein klares Wort zu sprechen, so bin ich diejenige, die das tut. Frauen haben noch mehr als Männer die Eigenschaft, Freundschaften zu pflegen. Hier auf dem Land fühlen sich die Frauen nicht wirklich unterdrückt von den Männern, oder gar kleiner, denn wir haben in der Dorfgemeinschaft zu viele Eigenschaften und Aufgaben, ohne die ein Leben hier nicht existieren würde. Wir haben im Gemeinderat auch Frauen, bei der Dorfverschönerung sind überwiegend Frauen, das letzte Wort zwar haben dann doch die Männer des Gemeinderates, was mich aber nicht wirklich stört.

RENATE SCHMIDT
POLITIKERIN, JAHRGANG 1944

Versuchmershaltmal, dachte ich

Das prägendste Ereignis ist der frühe Tod meines Mannes. Er starb schon 1984 mit dreiundvierzig Jahren. Ich hatte mein ganzes Erwachsenenleben mit ihm verbracht, wir waren sechsundzwanzig Jahre zusammen. Ich war plötzlich allein ... Mein berufliches Leben ist sicherlich geprägt durch meine Entscheidung für die Politik. Ich war ein abenteuerlustiges Mädchen und bin eine neugierige Frau geblieben, nichts von alledem, was ich in meinem Leben getan habe, war geplant. Auch nicht die Kandidatur als Abgeordnete. Versuchmershaltmal, dachte ich.

Ich lebe in einer glücklichen Beziehung, die mir wirklich Kraft gibt für alles andere. Ich brauche den Streß, ich glaube, ich würde krank werden, wäre ich plötzlich nicht mehr unter Druck. Ich beneide Menschen, die diesen Druck nicht brauchen, um Leistung zu bringen, die dann bei ebensoviel Leistung irgendwie ein viel ruhigeres Leben haben. Ich liebe meinen Beruf auf Zeit, bin neugierig auf neue politische Themen und Menschen und auf die Dinge, die so passieren, bin eben Parlamentarierin mit Leib und Seele. In den nächsten zehn Jahren allerdings muß wieder etwas Neues kommen. Seit fünfunddreißig Jahren bin ich ohne Unterbrechung erwerbstätig. Es muß jetzt eine Zeit für andere innere Bedürfnisse kommen. Aber in der Ruhestandsdiskussion befinde ich mich noch nicht. Das Leben jenseits der Politik, das sicher kommen wird, deutlich jenseits von 1998, aber absehbar, ist auch nicht als Ruhephase gedacht. Altsein beginnt, glaube ich, nicht, bevor man fünfundachtzig ist. Und wenn ich fünfundachtzig bin, werde ich mir sagen, mit fünfundneunzig ist man alt, vorher nicht.

Ich frage mich, warum sich ein Mensch nicht nur um seine eigenen Dinge kümmert, warum er sich auch um die Belange anderer Menschen kümmert? Es ist mehr als eine moralische Verantwortung für die Gemeinschaft, es ist so etwas wie ein natürliches Bedürfnis, denke ich. Ich habe drei in der Zwischenzeit erwachsene Kinder, zwei Enkelinnen, und ich habe das Bedürfnis, mit dazu beizutragen, daß meine Kinder diese Welt auf keinen Fall schlechter, wenn möglich sogar ein klein wenig besser übertragen bekommen, als wir sie übertragen bekamen. Ich bin skeptisch, ob das unserer Generation gelingen wird; aber der Versuch muß jeden Tag wieder unternommen werden. Eigentlich sollte jeder Mensch dieses Bedürfnis haben. Und ich meine damit nicht, als Einzelne für den großen und ganzen Weltfrieden einzustehen, ich meine den eigenen Umkreis, jeden Menschen dort, wo er sich durch eine Kette von Zufällen nun mal befindet. Ich kann als Bürgerin genauso aktiv Dinge in Bewegung setzen, wie als Politikerin. Manchmal sogar noch viel direkter.

Meine Großmutter half mir beim Kampf, das Gymnasium besuchen zu dürfen. Das war damals, 1953, für ein Mädchen nicht vorgesehen. Ich habe sehr jung geheiratet und mein erstes Kind bekommen. Viele haben das für ein Unglück gehalten, es hat sich dennoch als Glück erwiesen, denn mein Mann und ich, wir waren noch nicht fertig, wir waren noch offen und flexibel, und wir haben für damalige Zeiten in vielen Punkten ein ungewöhnliches

Renate Schmidt

Leben geführt: ich, eine sehr junge Mutter von dann bald zwei kleinen Kindern, immer berufstätig, mein Mann, der sich um die Kinder kümmerte, der Hausmann war. Anfang der siebziger Jahre war das alles ziemlich unüblich. Aber das hat unsere Ehe auch so besonders gemacht. Ich war dreiundzwanzig Jahre lang verheiratet. Das würde ich wieder so tun, denn ich bin der tiefsten Überzeugung, daß das Verheiratetsein eine vernünftige Lebensform ist. Nach dem Tod meines Mannes habe ich mit meinen Kindern in wechselnden Wohngemeinschaften gelebt, zwischendurch auch mal mit einem Freund, mal mit Freunden meiner Kinder, ich wohnte in einem Haus, das sich ständig veränderte, das war eine gute Zeit damals, war eine Erfahrung, die ich als junge Frau nicht habe

machen können, ich habe die WG-Zeit erst als Witwe mitgemacht. Ich habe dann auch alleine gelebt, kann also sagen, ich habe sämtliche Lebensformen praktiziert. Auf Dauer kommt das Alleinleben für mich nicht in Frage, ich bin froh, daß mein Freund und ich uns gefunden haben.

Ich glaube, mein Vater wollte, daß ich ein Junge sei. Ich wurde zur Selbständigkeit erzogen, du schaffst das schon, war das Motto. Ich habe eine drei Jahre jüngere Schwester, die war von Anfang an die sanfte und liebe. Mein Vater starb 1972, meine Mutter lebt noch. Nach dem Tod meines Vaters besserte sich das Verhältnis zu meiner Mutter. Ich empfand meine Mutter als zu fixiert auf meinen Vater. Negativ fixiert. Jetzt habe ich das Gefühl, es ist mehr Zusammenhalt da.

An die Nachkriegszeit habe ich nahezu lustige Erinnerungen. Wir lebten in Coburg, also keine zertrümmerte Stadt, und wir hatten einen französischen Fremdarbeiter in unserer Wohnung einquartiert, den fand ich lustig, und Vater malte für amerikanische Soldaten Bildchen – solche Erinnerungen habe ich an die Nachkriegszeit. Meine Mutter hat mal ein schwarzgeschlachtetes halbes Schwein mit dem Fahrrad fünfzehn Kilometer weit

transportiert und ist von der Nachbarin verpfiffen worden. Es kam dann die Polizei zu uns nach Hause, und ich lag mit Vater im Bett, und das Schwein lag am Fußende bei uns. Tja, eher lustige Geschichten, jedenfalls so im nachhinein ...
Für die Frauenfrauen bin ich eine Männerfrau, obwohl ich mich in keinster Weise vom Feminismus distanziere. Ich gelte bei den Männern als ›Handfester Typ‹, die wissen, daß ich sie mag, was ja stimmt, und so haben die Männer mir gegenüber keine Probleme, auch mal einen anzüglichen Witz zu machen. Als knapp achtzehnjährige habe ich in einer reinen Männerabteilung gearbeitet. Wenn ich mich dort nicht  angepaßt und mitgemacht hätte, dann hätte ich keine Sozialisierung erfahren. Ich war noch zu jung, um Mechanismen zu haben, mich wehren zu können, das kam dann später. Mit zwanzig, glaube ich, wollte ich den Männern gefallen, sowohl äußerlich, als auch durch das, was ich tat. Dann, mit dreißig, will man besser sein als die Männer, wobei man mit eben diesem Wunsch die Männer auch immer gleich zum Maßstab erhebt, und dann, dafür habe ich kein wirkliches Datum, kam eine gewisse Gelassenheit, da waren mir die Männer plötzlich wurscht. Ich habe mit Männern keine schlechten Erfahrungen gemacht, was natürlich nicht für alle Frauen zutrifft. Auf Grund dessen, wie ich auf Männer wirke, habe ich auch die politischen schlechten Erfahrungen nicht gemacht, die andere Frauen machten, die von Männern untergebuttert und verdrängt wurden. Mit diesen Frauen fühle ich mich solidarisch; sie haben Dinge für mich erkämpft, die ich nun nicht mehr erkämpfen mußte.
Wenn man sich zu auffällig kleidet, also auch als Frau auftritt und nicht nur als Politikerin, dann landet man sehr schnell auf den Titelseiten der Boulevardpresse. Es ist allerdings weitaus schwerer, mit einer guten Rede über den § 218 auf eine Titelseite zu kommen, das sollte ich hier ruhig mal erwähnen. Macht ist Einfluß und die Möglichkeit, Verantwortung übernehmen zu dürfen. Und nachdem ich dafür kämpfe, daß Dinge so

werden, wie ich sie mir vorstelle, ist das ohne Macht gar nicht möglich. Macht ist Mittel für eine Sache, nicht Mittel für einen selbst.

Das Alter hat schon viele gute Seiten. Ich streite nicht mehr so viel wie früher. Sex ist und war immer und bleibt sehr wichtig für mich. Eine Beziehung ohne sexuelle Übereinstimmung kann ich mir nicht vorstellen. Heute bin ich auch sexuell gelassener und erfahrener, kann besser über die Dinge sprechen. Ich mag meine Kinder unheimlich gerne. Ich hätte gerne mehr Kinder gehabt. Aber ich war nicht unglücklich, als sie aus dem Haus gingen. Ich sehe sie heute selten, was mir früher unvorstellbar gewesen wäre. Der Kontakt ist natürlich anders geworden, aber wir können uns aufeinander verlassen. Familienleben ist für mich unverzichtbar, aber die Phase nach dem Zusammenleben ist auch sehr schön. Ich habe eher männliche Freunde, aber zu wenig Zeit, Freundschaft wirklich zu pflegen. Wenn ich mal einen freien Abend habe, bleibe ich mit meinem Freund auch gerne mal allein. Eine beste Freundin, der man alles sagen kann und will, die habe ich nicht.

Das körperliche Älterwerden empfinde ich nicht als negativ; natürlich stört es mich, zwischendrin mal den Ischiasnerv zu spüren, das ist eben das Alter. Ich habe keine Angst vor Falten, und ich werde mich nicht liften lassen, will aber auch nicht älter aussehen, als ich es bin – klar, es wird schon eifrig gesalbt und getupft. Ich habe mit vierundvierzig Jahren, nachdem ich die ersten eineinhalb Jahre nach dem Tod meines Mannes überwunden hatte, in politischen Kreisen über das Projekt ›alternde Renate‹ gesprochen. Ich sagte, ich könnte mir vorstellen, mit anderen alten Menschen meiner Generation in einer WG zu leben, eben nicht allein alt zu werden.

MAREN SELL
AUTORIN UND VERLEGERIN, JAHRGANG 1945

Ich habe das Glück, zu lieben, was ich tue

Am Anfang war das Ende. Wie kann auf einem
Scheiterhaufen Leben wachsen? Wer bin ich?
Wenn nicht dieses von Schuld geprägte Ge-
schöpf, verdammt dazu, Deutsche zu sein. Was
ist Ich überhaupt? Wenn die bleiernden Lippen
schmerzen, sich die Zunge verweigert. »Wer
redet, ist nicht tot.« Gewiß. Aber ist Schweigen
nicht ratsamer in einer Sprache, die soviel Un-
heil verkündet hat. Das Kind verstört, kann
diese Primitiv-Szene der Geschichte nicht ertragen. Also Bruch, Trennung, Abschied nehmen – Landwechsel. Sprachwechsel, Liebes-
wechsel – immer von neuem anfangen, dem
Wunsch nachgeben, daß nichts bleiben darf.
»Was bleibt ist tot.« Von einem zum anderen.
Kein Stillstand, kein Genuß. Die einzige Zeit:
das Schreiben. Sonst eine Hetze dem vorge-
führten Ende zu entgehen. Und diese täglichen
Klischees, überall in der Welt, einer nie über-
wundenen Katastrophe. Doch auch ein Lä-
cheln: Es ist vollbracht. Heute ist der Tag. Die
Liebe jetzt.

Ein universales Lebensgefühl ist, daß wir mit großen Schritten dem Jahr 2000 entgegengehen. Und damit einem Jahrtausend, von dem Malraux gesagt hatte, daß es spirituell und weiblich sein wird. Ich sehe zwei Möglichkeiten; die eine ist die Tendenz zu einer immer größeren Abstraktion, zu der Übermacht des Bildes, des Fernsehens, des Internets und so weiter und damit zu einer total rationalistischen Gesellschaft, die für mich den Stempel des Männlichen trägt. Es ist wirklich eine ganz beängstigende Vorstellung, daß das neue Jahrhundert ein männlich rationalistisches, abstraktes Jahrhundert wird. Doch gibt es auch die Möglichkeit, Malraux zu glauben, denn tatsächlich kann man überall ein Wiederaufkommen der Spiritualität feststellen, ein Ende der kraß materialistischen Gesellschaft erahnen, den Wunsch und das Begehren des Individuums hören, das sich nicht von der Gesellschaft vereinnahmen lassen will.

Ein Beispiel für das Wiederaufkommen der Spiritualität ist, daß in Deutschland und auch hier in Frankreich der Buddhismus viele neue Anhänger gefunden hat. Ich stehe dem ein bißchen nahe, weil ich einen tibetischen Sohn habe, der natürlich Buddhist ist, und ich danke ihm, daß er mir diese Türen geöffnet hat. In dieser Wiederentdeckung des inneren Menschen zeigt sich auch die sexuelle Differenz, das Männliche und das Weibliche. Wobei dieses Weibliche sich wirklich als eine sowohl materielle und physische als auch metaphysische, literarische und philosophische Andersartigkeit darstellt. Dabei sind wir Frauen aber nicht alleine. Gott sei Dank! Gegen die männlich-rationalistische Tendenz stehen unsere Philosophenfreunde und auch andere Männer, die ein bipolares Weltbild haben. Wenn man das als Scheideweg empfindet, was ich eben gesagt habe, kann man daraus schließen, daß jeder gebraucht wird, und ich an diesem Scheideweg mit der Tendenz zur Innerlichkeit, zur Aufrechterhaltung und Entdeckung der weiblichen Werte auch eine Rolle spiele mit meinen Möglichkeiten als Verlegerin oder als Autorin.

Ich verstehe mich als demokratisch »kommunistisches« Wesen, ein Mensch wie jeder andere und für jeden anderen; als solcher habe ich eine Aufgabe im Leben. Dazu gehört, ein Gleichgewicht anzustreben zwischen dem ersten Kreis, das ist der Familienkreis, dem zweiten Kreis, das ist der Freundeskreis und dem dritten, dem beruflichen Kreis, das sind in meinem Fall die Autoren. Ich bin der Meinung, daß man dem anderen und sich immer erlauben muß, ein neues Konzept von sich selbst zu haben, sich selbst immer wieder eine Art Renaissance zu sein. Unser Zeitalter ist sehr individualistisch geworden. Sicher muß

Maren Sell

man sich auf sich selbst beziehen, um irgendwie das Bewußtsein von der eigenen Person zu bekommen, aber wenn man sich selbst ein wenig kennt, sollte man sich nicht darauf ausruhen, sondern auf einer bescheidenen Ebene versuchen, exemplarisch zu sein.
Unsere Generation hatte sehr viele Utopien: die Diktatur des Proletariats, die Kulturrevolution und vieles mehr. Ich glaube, wir sind ziemlich immun gegen den falschen Gebrauch utopischer Gedanken. Doch darf man sich nicht mit dem, was ist, zufrieden geben, wie zum Beispiel mit sozialer Ungerechtigkeit. Ich habe gelesen, daß viele Tausend Menschen nicht sterben müßten, wenn die Reichen der Welt 1 % von ihrem Reichtum abgäben. Da muß man immer den Schrei in der Kehle haben und sagen: Das darf nicht möglich sein!

Die Menschheit braucht viel Großzügigkeit, damit alle Leute leben können und keiner an Hunger stirbt.
Meine Familie, der erste Kreis, ist natürlich eine ganz wichtige Basis für mein Leben. Ich habe meine Familie nie als eine geschlossene Zelle verstanden, das könnte ich überhaupt nicht ertragen. Die Familie ist da, sie ist lebendig, weil jeder Einzelne lebendig ist, aber auch, weil der zweite Kreis zum ersten hinzukommt. Auch meine Kinder haben ein politisches Bewußtsein, sie nehmen immer Anteil an den Problemen, wie zum Beispiel bei Bosnien oder Algerien. Es ist wichtig, daß sie das Zuhause nicht als eine feste Struktur verstehen. Draußen ist die Welt, man muß sich darum kümmern.
Zum dritten Kreis, meinem Berufskreis, ist zu sagen, daß ich das große Glück habe, zu lieben, was ich tue. Ich habe mir nie vorstellen müssen, wie es sein würde, eine entfremdete Arbeit zu haben. Allein der Gedanke erschreckt mich. Ich war Journalistin, Schriftstellerin, Verlegerin. Berufliches und politisches Engagement sind immer zusammengekommen. Es gibt keine Trennung. Ich bin Verlegerin, und meine Art und Weise, mit den Autoren umzugehen, hat natürlich etwas emotional

Mütterliches. Und diese Mütterlichkeit macht die Geburt eines Buches möglich. Danach trage ich es so weit wie möglich in die Öffentlichkeit und zum Erfolg. Später ist Trennung notwendig, und es kommt wieder ein neuer Autor. Eine ständige Fruchtbarkeit.

Meine Tochter ist jetzt sechzehn, und die beiden großen Töchter sind dreißig – das sind mit mir drei Frauengenerationen. Die Dinge, die für die Frauen von dreißig oder sechzehn völlig normal sind, gibt es deswegen, weil Frauen eine Generation vor ihnen dafür gekämpft haben. Sowohl für die Abtreibung als auch für die Pille und dafür, daß Frauen endlich ganz selbstverständlich das Wort ergreifen, was vor meiner Generation überhaupt nicht denkbar war, abgesehen natürlich von einigen legendären Ausnahmen. Das Tabu ist gebrochen: Frauen sprechen jetzt zum Beispiel über männliche Dominanz, über ihre Lust und Verzweiflung. Nicht nur im negativen Sinne, sondern auch über ihre Wünsche als Frau, wie sie ihren Körper erleben, wie sie ein Buch lesen, essen, diskutieren, schreiben, Politik verstehen, eben auf eine andere Art und Weise, als ein Mann das tut. Das ist überhaupt erst mit unserer Generation Wirklichkeit geworden.

Zu unserer Generation gehört auch unsere besondere Vergangenheit. Meine deutschen Freunde, fast alles Frauen, sind aus ähnlichen Motiven wie ich Ende der sechziger Jahre aus Deutschland weggegangen. Dieses fast physische Gefühl eines immensen Verbrechens, dieses Schweigen der Eltern, dieser unsagbare Koloß des Holocaust. Ich hatte damals wirklich das Gefühl, daß ich eine Leiche im Körper habe, daß die deutsche Vergangenheit wie eine Leiche in mir selbst steckt. Und da habe ich gedacht, entweder sterbe auch ich, im symbolischen Sinne, an dieser Leiche, das heißt, ich kümmere mich nicht darum und ich spreche nicht darüber. Oder aber ich versuche, diese Leiche irgendwie zum Sprechen zu bringen, zu analysieren und versuche etwas daraus zu machen und vor allem eine Distanz zu schaffen. Wenn man in so einem Gefühl gefangen ist, lebt man wie in einer undurchsichtigen Glasglocke, man kann zwar atmen, aber man kann nicht sehen, was geschieht. Man braucht also Distanz.

Spezifisch für Deutschland war, daß es keine Juden mehr gab, daß sie, die Anderen eben, als Gesprächspartner, als Mitmenschen, überhaupt nicht mehr da waren. Völlig ausradiert. Und das habe ich gespürt, körperlich. Ich bin dann nach Frankreich gegangen, um den Anderen, den exemplarischen Anderen, zu entdecken. Ich habe Jahre gebraucht, um diese Trauerarbeit zu leisten, auch was die deutsche Sprache angeht. Ich sprach kein

Deutsch mehr, hatte angefangen, auf französisch zu schreiben. Das war ein notwendiger Verrat. Dieses Verleugnen hat dann irgendwann aufgehört, so nach zehn Jahren. Danach, als die Trauerarbeit fortgeschrittener war, kam es wieder zu einer Annäherung. Ich konnte deutsche Bücher wieder mit Begeisterung lesen. Ich liebe die deutsche Sprache in ihrer poetischen Konzentration, die größer ist als in der französischen Sprache, über alles. Jetzt komme ich wieder zurecht damit. Deswegen kann ich auch wieder in Deutschland sein. Ich habe nicht mehr diese Angst, daß das eintritt, was Brecht so formulierte: Der Bauch ist noch fruchtbar, das Monster kann wieder rauskommen. Es ist wohl eher so, wie der Wolf Biermann sagt, nämlich daß die Deutschen sich mit einem Stahlbesen den Arsch blutig geschrubbt haben.

Die Spannung zwischen dem weiblichen und dem männlichen, dem einen und dem anderen Prinzip, macht das Leben interessant. Die Materialität ist da, die Sexualität, die Erotik, das Geistige, das Gefühl. Das ist wirklich das Feld, das uns alle angeht, und wenn es das nicht gäbe, gäbe es auch keine Literatur. Der Nährboden für Kultur ist doch, Gott sei Dank, der Sexualtrieb, die emotionelle Intelligenz, seine Sublimation.

Erotik existiert in allen Lebensbereichen, in Gesten, in Blicken. Sie sollte eigentlich überall sein. Erotik bleibt gleich, auch wenn man älter wird, die Sexualität nicht. Wenn man jung ist, geht der Sexualakt nicht den ganzen Körper an, sondern vor allem die Sexualorgane. Da lassen Frauen sich wahrscheinlich von den Männern auch ein bißchen beeinflussen. Wenn man älter wird, wird die Sexualität diffuser und geht mehr den ganzen Körper an und weitere Bereiche des Lebens. Es gibt da im Tantrismus diese erotischen, sexuellen und spirituellen, Praktiken der Buddhisten, die sprechen davon, daß Mann und Frau beim Älterwerden den Orgasmus des Tales haben. Und wenn man jung ist, hat man den Orgasmus des Gipfels. Aber beide sind von gleicher Intensität.

Als ich nach Frankreich kam, habe ich gleich zwei Jahre später geheiratet und fünf Jahre mit meinem ersten Mann zusammengelebt, danach fünf Jahre mit einer Frau, dann habe ich 1980 meinen jetzigen Mann getroffen. Unsere Ehe besteht nun seit achtzehn Jahren. Es gab früher Liebesaffären, aber immer nur in meinem Milieu, das heißt mit Intellektuellen, häufig Juden, und als ich George kennengelernt habe, war das auf einmal jemand ganz anderes. Er war damals Unternehmer. Ich bin beruflich nie in seine Welt hineingerutscht, und er auch nicht in meine. Ich denke, daß man wirklich die gesamte

Persönlichkeit des anderen total schätzen muß. Was auch passiert, welche Triebe und Leidenschaften ausgelebt werden müssen, man muß es akzeptieren. Auf jeden Fall darf man sie nicht, um dem anderen nicht weh zu tun, zurückhalten. Jeder muß wirklich wagen, sein eigenes Leben zu leben. Ich habe ihm Grund zur Eifersucht gegeben und er mir auch. Ich denke an den Satz von Adorno, in dem er sagt, es gehört zur Liebe, daß man sich schwach zeigen kann, ohne beim anderen Stärke zu provozieren. In einer guten Ehe ist das sehr wichtig.

Das Älterwerden des Körpers merke ich nicht sehr. Vielleicht habe ich kein Wunschbild von mir selbst. Ich sehe in den Blicken der Menschen, die ich treffe, daß ich als Frau noch existiere. Eigentlich gibt es für mich überhaupt keine Altersgrenzen. Ich könnte auch heute in einen alten Mann genau so verliebt sein wie in einen jungen. Ich hatte einen Liebhaber, der dreißig Jahre älter als ich war. Er war fünfundsechzig und ich fünfunddreißig. Ich habe das so schön gefunden, die Flecken auf der Hand, die Falten. Nicht die Jugend macht den Grund des Begehrens aus.

Was ich von meinen Eltern bewahrt habe, ist sicher die Liebe. Abgesehen davon habe ich alles verändert. Meine Familie war eine sehr auf sich selbst zurückgezogene Familie, mit wenig äußeren Einflüssen. Ich habe das empfunden wie einen wandelnden Todestrieb. Ich wollte den Kern aufsprengen, habe geträumt von einem großen, ovalen Tisch, an dem ganz viele Leute sitzen, wo man ganz viel spricht. In meinem Elternhaus sprach man nicht, nicht nur nicht über die Vergangenheit, sondern überhaupt nicht. Ich habe also erkannt, daß dieser Lebensstil meiner Eltern nicht der meine war. Das war mir ganz früh klar. So habe ich alles anders gemacht. Mit meinem ersten Buch habe ich Fragen an sie gerichtet und dann gemerkt, daß alles sehr viel komplizierter ist. Irgendwie war eine Versöhnung möglich, und die hat auch stattgefunden.

Mein Vater ist 1994 gestorben. Meine Eltern kommen ursprünglich aus Flensburg, gelebt haben sie dann fünfunddreißig Jahre lang in der Pfalz. Als mein Vater krank wurde, hatten sie miteinander abgemacht, daß sie keinen Grabstein wollten. In Flensburg gibt es so einen anonymen grünen Hügel, da wollte mein Vater begraben sein. Kurz bevor er starb, habe ich ihm gesagt, daß ich das nicht möchte. Mich würde es an den Holocaust erinnern, wenn keine Spuren bleiben, keine Spuren von Tod. Für die nachkommenden Generationen muß der Tod einen Platz haben, damit das Leben einen Sinn hat. Ich habe ihn auf dem

Friedhof in der Nähe unseres Landhauses in Frankreich begraben. Und habe gedacht: Was für eine Generation, die den Wunsch nicht äußern kann, Enkel zu haben, als könnte man alles ausradieren, das eigene Leben, das politische Engagement, die schlechten Erinnerungen, den Holocaust und dann auch noch den eigenen Grabstein. Als wäre nichts gewesen.

Katia ist das Mädchen, das ich mit George gezeugt habe. Die Mädchen von George haben zwölf Jahre bei uns gelebt. Die beiden Großen haben vor drei Jahren geheiratet. Wir hatten vergeblich versucht, noch ein Kind zu bekommen. Ich dachte, daß es im Grunde doch genügend Kinder gibt, denen man helfen kann. So sind wir in Tibet zu unserem Kunga gekommen. Er war schon ziemlich alt für eine Adoption. Eine offene Familie, mit einem Schwiegersohn, der Vietnamese ist, der andere Halbdeutscher. Eine Mischung von Rassen und Sprachen und Gedanken. Das ist lebendig.

Ich habe noch von früher eine ganz enge Freundin, mit der ich fünf Jahre lang zusammengelebt habe; wir erzählen uns alles. Und es gibt auch einen männlichen Freund, der mir sehr nahe steht, dem ich alles erzählen kann. Meine Busenfreundin ist genauso alt wie ich. Aber mein männlicher Freund ist sehr viel jünger, er ist fünfunddreißig. Das Vertrauen ist da und der Generationsunterschied auch. Das ist interessant.

Was Aggressionen angeht, habe ich von dem, was der Dalai Lama sagt, so ganz pragmatisch einiges gelernt. Ich gehe nie drauf ein, wenn ich angegriffen werde. Diese Machtsituation – entweder gewinnt der eine oder der andere – ist steril. Deswegen versuche ich immer, anstatt direkt mit Aggression zu reagieren, mich irgendwie ein kleines bißchen zur Seite zu schieben. Es ist ja blöde, in der Aggression zu bleiben, man wird dabei so dumm. Ein Feind ist meistens ein verkappter Freund.

Den Krieg habe ich nicht mehr erlebt. Ich bin 1945 geboren. An die Nachkriegszeit habe ich aber noch Erinnerungen, besonders, was die Nahrung angeht. Wir aßen manchmal Brotsuppe, meine Mutter und meine Großmutter machten aus den Resten von Brot irgendwie eine Suppe. Die mochte ich nicht, aber etwas anderes gab es nicht. Für unsere Kinder ist es überhaupt kein Problem, Brot wegzuwerfen. Ich kann das immer noch nicht. In die Nachkriegszeit gehört auch, was ich dann 1978 in meinem ersten Buch formuliert habe: Wie kann aus Nichts jemand entstehen – 1945, alles kaputt, dieses fürchterliche Erbe, und auf einmal werden Menschen geboren. Ich bin einer von diesen Menschen. Wie kann man überhaupt noch den Wunsch haben, in solch eine Wirklichkeit, Trümmerwirklichkeit, Menschen hineinzugebären? Und was mache ich 1945 mit dieser Geburt? Mit diesem Land, das schuldig ist an sechs Millionen toten Juden? Daran habe ich wirklich lange gelitten, so, als wäre die eigene Existenz fast eine Absurdität. Wir haben unsere Brandmarke, die kann man nie weglöschen, so, wie bei meiner alten Freundin Anneliese. Sie war als deutsche Jüdin in Auschwitz und hat für immer diese Nummer auf dem Handgelenk. Wir haben auch irgendwie so etwas, unsere Generation, wir sind gebrandmarkt ohne Nummer – und das wollen wir auch nicht wegwischen.

Wenn die Kinder aus dem Haus sind, in drei oder vier Jahren, möchte ich mit George so etwas machen wie früher: Eine große Wohnung nehmen und da mit fünf, sechs Freunden zusammenleben. Als Paar oder auch allein alt werden, ist schon ein bißchen heikel, finde ich.

Ich denke, das Göttliche ist da. Man spürt, daß eine dritte Instanz da ist. Man spürt es, wenn Rilke in seinem Gedicht sagt: »Oh süßes Lied! Was ist das für ein süßes Lied?« Die Individualität des einen und des anderen ist bewahrt für etwas, was mehr ist als wir. Es ist da. Und dann ist es angebracht, in Demut niederzuknien.

Mein Mann war sehr krank letztes Jahr, deswegen waren Tod und Sterben ziemlich präsent. Der Tod von Menschen, die man liebt, ist so schwer zu ertragen, weil es keinen Körper mehr gibt – »no body«. Wenn man stirbt, ist da nobody, und dieses Berühren-Können fehlt so sehr, auch, wenn ich weiß, daß es noch andere Instanzen gibt und ich spüre, daß mein Vater im Grunde weiterlebt. Dennoch glaube ich, ist das meine Schwierigkeit mit dem Sterben. Ich habe einen guten Freund, der hat mit zweiundneunzig Jahren eine solche Präsenz, daß jede Begegnung ein Geschenk ist. Wenn man es also schafft, eine wirkliche Präsenz für den anderen zu behalten, dann ist Älterwerden eine schöne Sache. Diese Offenheit zu behalten mit dem Wissen, die Szene verlassen zu müssen, das wäre für mich ein gutes Sterben.

CORNELIE SONNTAG-WOLGAST
POLITIKERIN, JAHRGANG 1942

Unsere Generation wurde von den Zeitläufen begünstigt

Noch im Krieg geboren, aber hineingewachsen in eine stabile Epoche des Friedens – wir sind eine vom Schicksal begünstigte Generation! Wir als Mädchen und Frauen. Als wir die Schule verließen, wären die Chancen für den Berufseinstieg oder ins Studium gut. Auch nach der Universität war es wiederum nicht sehr schwierig, dort Fuß zu fassen, wo man es sich erhoffte oder gar erträumt hatte. Die Diskussion um Emanzipation und mehr Rechte für Frauen gab uns zusätzlich Schubkraft. Wer, wenn nicht wir, konnten und können stolz sein?

Mein heutiges Lebensgefühl ist von einer großen Zufriedenheit geprägt. Ich habe eine gute Basis in mir, einen festen Fundus an Erfahrungen und Lebenssicherheit und darauf aufbauend kann ich mein Leben sehr befriedigend erleben. Älterwerdend fühle ich mich noch nicht, aber ich habe das Gefühl einer satten beruflichen Vergangenheit, und das prägt meine gute Grundstimmung sehr stark, denn ich weiß, daß diese Zufriedenheit aus der beruflichen Tätigkeit heraus nicht selbstverständlich ist, und ich zu einer Minderheit gehöre.

Mein Lebenssinn ist sehr stark darauf ausgerichtet, etwas mitzuteilen oder etwas weiterzugeben. Vielleicht hängt das mit meinem Beruf zusammen. Ich kann mir nicht vorstellen, daß ich mein Leben abschließe, ohne mich nach außen in dem, was ich empfinde, verbreitet zu haben, sei es privat oder politisch. Dabei bin ich nicht missionarisch. Ich möchte Erfahrungen und die damit verbundenen inhaltlichen Überzeugungen, die ich für richtig halte, auch kommunizieren. Sicherlich hat das auch etwas mit Einflußnahme zu tun. Bestimmte Aspekte unserer bisherigen gesellschaftlichen Kultur möchte ich gerne erhalten sehen, das liegt mir sehr am Herzen, und das bezeichnet vielleicht am ehesten meinen Lebenssinn.

Ich bin der Meinung, unsere Generation wurde von den Zeitläufen begünstigt. Zwar sind wir noch im Krieg geboren und haben in der Nachkriegszeit Entbehrung und Not kennengelernt, aber dann, in Zeiten des Wirtschaftswunders und danach, gab es keine akute Bedrohung und auch keine Existenzängste. Heute müssen die Menschen viel mehr kämpfen, um nach dem Studium eine Arbeit zu finden. Wir konnten direkt auf unsere Ziele zusteuern. Zudem hatten wir das Gefühl, wirklich etwas verändern und aufbauen zu können. Damals gab es ja große Themen, wie die Gleichstellung der Frau, die Reform des § 218 und so fort. Als Journalistin konnte ich mich daher in meinen ersten Berufsjahren sehr gut ausleben und viele Erfahrungen sammeln. Vom heutigen Standpunkt aus betrachtet, meine ich, daß die Frauen unserer Generation über die Phase des Klagens und Sichbeschwerens hinaussein müßten. Ich habe in den letzten fünfzehn Jahren kaum eine Situation erlebt, wo ich es als Nachteil empfunden hätte, eine Frau zu sein. Im Gegenteil. In dieser Zeit als Frau zu leben, habe ich immer als befriedigend und positiv erlebt, auch wenn ich mich darüber manchmal wundere und mich frage, ob ich da nicht etwas übersehen habe. Sicherlich bezieht sich dieses Erleben auch auf ein gewisses Umfeld, in dem

Cornelie Sonntag-Wolgast

ich mich bewege, aber ich glaube schon, daß wir Frauen da was erreicht haben. Auch wenn Männer insgeheim noch anders denken, wagen sie es nicht mehr unbedingt, mit ihrer Meinung nach außen zu treten, außer vielleicht während ihrer Stammtischgespräche.

Meine männlichen Kollegen sind auf eine bestimmte professionelle Art darum bemüht, nicht mehr die typischen alten Rollenklischees der Männer auszuleben. Es wird stark mit Rücksichtnahme und gegenseitiger Akzeptanz gearbeitet. Trotzdem meine ich, daß sich bestimmte Verhaltensweisen der politischen Kollegen – auch in meinem Umfeld – grundsätzlich von denen der Frauen unterscheiden. Männer können immer noch sehr schlecht auf andere eingehen. Bei Frauen zeigt sich das Interesse an einem Thema oder einer Person, indem sie viele Fragen stellen. Männer stellen zunächst einmal das eigene Wissen oder die eigene Leistung dar und stellen am Schluß noch eine Pseudofrage, deren Beantwortung ihnen aber nicht wichtig ist. Dieses Verhalten ist in der Politik sehr verbreitet, und für mich zeigt sich darin ein geschlechtsspezifischer Unterschied. Zudem gibt es bei Frauen in der Politik ein höheres Maß an Kollegialität und Teamgeist, trotz aller Konkurrenz. Nur manchmal habe ich Frauen aus meiner Generation in der Politik auch verletzend und aggressiv erlebt. Unabhängig von den beruflich beobachteten Geschlechterdifferenzen bin ich der Überzeugung, daß es erhebliche Unterschiede im Selbstverständnis von Männern und Frauen gibt, gerade was unsere Generation anbelangt. Bei den Frauen überwiegt noch dieses Quantum an Stolz auf das Erreichte. Und bei den Männern ist das Denken über die eigene Rolle inzwischen viel kritischer geworden.

Meine Wunschlebensform ist nicht sehr weit weg von dem, wie ich mein Leben tatsächlich lebe. Schön wäre es, mehr Zeit zu haben und ohne Zeitdruck etwas schreiben zu können. Verbunden mit freiem Lebensraum wäre das ein idealer Zustand. Ich würde gern die Beziehungen zu meinen Freunden intensivieren und mehr mit ihnen erleben. Das findet momentan nur alle paar Monate statt. Da sehne ich mich manchmal nach den Zeiten des Rentenalters.

Freundschaften sind mir und auch meinem Mann sehr sehr wichtig, sicherlich auch, weil wir keine Kinder haben. Die meisten unserer Freunde erlebe ich allerdings paarweise. Komischerweise sind in unserem Umfeld gar nicht so viele Ehen in die Brüche gegangen. Aber bei den Paaren betrachte ich niemand als Anhängsel oder Begleitperson des ande-

ren, die Freundschaften bestehen jeweils zu den einzelnen Menschen.
Mit meinem Mann bin ich seit meinem Studienabschluß verheiratet, und eigentlich ist unsere Ehe immer besser geworden. Allerdings muß ich auch zugeben, daß eine Partnerschaft, wie wir sie leben, also mit langen Trennungen, auch zu Spannungen führt. Jeder ist die Woche über mit unterschiedlichen Dingen beschäftigt, und man hat dann eben nur am Wochenende Zeit füreinander. Dann hat man natürlich nicht immer die gleichen Bedürfnisse. Das ist manchmal schon eine ziemliche Erprobung der Beziehung. Aber obwohl ich die Woche über alleine lebe, könnte ich mir ein richtiges Alleineleben nur sehr, sehr schwer vorstellen. An anderen Männern interessieren mich eigentlich eher die Persönlichkeit und der Charakter, das hat kaum etwas mit  sexuellen Anziehungskräften zu tun. Da bin ich ziemlich konstant, muß ich sagen. Mein eigenes sexuelles Leben halte ich für einigermaßen vital.

Obwohl Sexualität und Erotik etwas ruhiger geworden sind, spielen sie in meinem Denken und Fühlen eine nicht unerhebliche Rolle. Für Frauen empfinde ich Bewunderung und Respekt und habe zu den meisten ein sehr angenehmes Verhältnis. Ich kenne viele Frauen, die ich sehr gerne mag, aber das hat nichts mit Sexualität zu tun. Komischerweise habe ich keine ausgesprochen beste Freundin, mit der ich alles bespreche. Und manchmal habe ich Angst davor, wenn zum Beispiel meinem Mann etwas passieren würde, keine richtige Bezugsperson mehr zu haben.

Mein Elternhaus ist ganz bürgerlich gewesen, aber niemand hat mich an irgendeiner Art der Entfaltung gehindert. Von meiner Mutter habe ich das Musische und das Musikalische, so daß ich Musik und Konzertbesuche in meinem Leben nicht missen möchte. Darüber hinaus habe ich ein ausgeprägtes Harmoniebedürfnis, und manchmal bin ich ein wenig zu sehr auf Ausgleich und Beschwichtigung bedacht. Durchsetzungsvermögen und Konfliktfähigkeit sind also nicht meine Stärke, und das steht schon im Zusammenhang mit der entspannten Atmosphäre meines Elternhauses.

Ich wünschte, ich könnte Konflikte von mir aus freier ansprechen, wenn ich sie habe, und zwar in allen Bereichen, aber ich habe eine Scheu davor. Vielleicht bin ich auf der politischen Ebene dadurch etwas atypisch. Ich selbst werde von mir aus nicht leicht aggressiv, und falls doch, trage ich das meistens mit mir alleine aus. Nur manchmal, wenn ich dann doch nach außen hin aggressiv werde, empfinde ich das durchaus als wohltuend. Aber bis es soweit ist, braucht es schon einen ziemlich langen Anlauf. Und je näher mir die Menschen sind, desto schwerer fällt es mir.

Die Ausübung meines Berufs hat in meinem Leben zentrale Bedeutung, wobei sich mittlerweile Pflicht und Kür ein bißchen verändert haben. Solange ich Journalistin war, gab es immer ein schnelles Echo auf das Geleistete. So funktioniert Politik natürlich nicht. Das ist eine Dauerbeschäftigung, und alles geht in kleinen Etappen. In diesem Beruf liegt für mich daher mehr Pflicht als Spaß, obwohl ich natürlich durch meine Arbeit auch jetzt viel Freude erlebe, in meinem Wahlkreis zum Beispiel.

Ich wünsche mir, daß mein Leben so weitergeht wie bisher und sich so hält, wie es ist. Im Hinblick auf die fernere Zukunft ist mir wichtig, mein Leben weiterhin gestalten zu können und keine materiellen Sorgen haben zu müssen. Ich will mit mir zufrieden sein können. Musik, Theater, Literatur und Kunst möchte ich weiterhin genießen. Diese Welten sind für mich so wichtig, weil sie eine Gegenwelt zu meiner Berufswelt darstellen.

Vom Krieg erinnere ich mich an die bedrohlichen Geräusche der Bombenangriffe und an die Übermittlung der Nachricht vom Tod meines Onkels. Selbst erlebt habe ich eher die Nachkriegsphase, die Trümmer überall. Als wir 1946 nach Hamburg kamen, war alles zerstört. Und daraus folgte das Bestreben, sich etwas zu sichern, Nahrung zum Beispiel. Ich denke, das haben wir alle in uns, daß wir Verschwendung vermeiden und nichts so leicht wegtun können. Vielleicht haben wir auch einen anderen Willen zum Frieden entwickelt, aber da bin ich unsicher. Beim Ausbruch des Golfkriegs war ich schon erstaunt und erfreut, wie viele junge Menschen sich da engagiert haben. Ich empfinde es als großes Geschenk, daß wir nun über einen so langen Zeitraum in Frieden leben, das hatten unsere Eltern nicht. Bei Männern gibt es etwas, das es bei Frauen nicht gibt, nämlich die Verherrlichung von Gewalt, und daher mach(t)en wohl die Männer die Kriege. Natürlich gibt es auch bei Frauen absolute Irre, aber ich glaube, Frauen würden doch zu anderen machtpolitischen Mitteln greifen.

Angst vor dem Älterwerden und dem körperlichen Altern habe ich nicht, eher ein Gefühl des leichten Bedauerns. Mit meinem Aussehen war ich immer weitgehend zufrieden, da macht es einem schon ein wenig zu schaffen, wenn dann die ersten Abstriche kommen. Es ist mir daher schon wichtig, daß das für mich auch noch lange akzeptabel bleibt. Doch die Veränderungen betreffen mich noch nicht auf einer tiefergehenden Ebene, vielleicht ändert sich das aber in einigen Jahren. Für das richtige Altwerden möchte ich mehr Menschen um mich herum haben. Ich würde mich zum Beispiel gerne mit mehreren Leuten treffen, um gemeinsam Dinge zu besprechen und zu erleben. Gerade weil wir kinderlos sind, will ich mich später mit Gleichgesinnten und Gleichaltrigen umgeben. Auf das Älterwerden kann man sich, denke ich, schon vorbereiten, auf Krankheit nicht.

Für das Sterben und den Tod wünsche ich mir Gelassenheit und die Möglichkeit, mich langsam darauf einstellen zu können. Das Gefühl zu haben, auf ein schönes Leben zurückblicken zu können. Dieses Gefühl, daß niemand einem mehr etwas von dem wegnehmen kann, was man alles erlebt hat. Aus diesen Gedanken heraus hätte das Ende vielleicht etwas von seinem Schrecken verloren. Das sind so meine Vorstellungen, aber natürlich kann alles ganz anders kommen.

GISELA TEMPLIN
KULTURMANAGERIN, JAHRGANG 1940

Ich genieße die Freiheit, aber sie hat einen hohen Preis

Kindheit: Geborgenheit. Flucht. Flüchtlings-schwein. Muttertod.

Arbeitsleben: Säuglingsschwester, Kulturwissen-schaftlerin, Intendantin, Museumsdirektorin.

Bilanz: Teilhabe an künstlerischen »Geburtsvor-gängen«. Auf der Bühne, am Schreibpult, an der Staffelei. Mitfreude – Mitleid. Künstlerfreund-schaften.

Seit zwei Jahren bin ich nicht mehr berufstätig. Ich habe ohne Unterbrechung fast achtunddreißig Jahre gearbeitet. Es waren immer leitende Positionen, und ich bin heute wirklich glücklich, daß das vorbei ist. Für mich hat die Freiheit mehrere Gesichter. Nach der Wende erfuhr erst mal jeder, der in der DDR gelebt hatte, einen Kulturschock. Sämtliche Lebensumstände waren plötzlich verändert. Ich genieße die Freiheit, aber sie hat einen hohen Preis. Man kann tun und lassen was man will, aber die existentiellen Ängste wachsen im Verhältnis zur Freiheit mit. Das neue gesellschaftliche Bedingungsgefüge ist für uns noch immer schwer durchschaubar. Die Grunderfahrung, in zwei Gesellschaftssystemen gelebt zu haben, empfinde ich nicht nur als schwierig, sondern auch als eine Art Reichtum.

Ich lebe zusammen mit meinem Mann in Berlin und würde sehr gerne mit ihm in Berlin alt werden. Bevor wir heirateten, haben wir uns versprochen, daß jeder von uns ein selbstbestimmtes Leben führen soll. Wir haben die wichtigen Dinge des Lebens immer verabredet, auch wenn wir etwas voneinander entfernt waren, haben einen lebendigen geistigen Austausch, haben uns Freiräume gelassen, und so war unsere Ehe immer interessant und neu. Durch meine berufliche Tätigkeit konnte mein Mann als Künstler freiberuflich arbeiten. Jetzt, wo ich nicht mehr arbeite, hat er eine Tätigkeit aufgenommen. Das ist eine schöne Art, mir meinen Einsatz für ihn zu danken. Es hat natürlich unser gemeinsames Leben verändert, aber es geht gut so.

Ich durfte nicht zur Oberschule gehen, weil mein Vater vor dem Krieg ein Kapitalist war. Die höheren Bildungswege waren in den frühen Jahren der DDR nur für Arbeiter- und Bauernkinder frei. Ich habe mich als Arbeiterklasse selbst geadelt, indem ich einen Beruf gelernt habe ... na ja, das sind DDR-Sprüche ..., ich war also in meinem ersten Leben Säuglings- und Kinderkrankenschwester, habe trotzdem noch versucht, zur Kunst zu kommen. Als ich mich entschieden hatte, mich voll und ganz meinem Beruf zu widmen, habe ich Hanno kennengelernt. Wir heirateten nach drei Jahren; ich war fasziniert von der Welt der Kunst, und da ich selbst nie Künstlerin sein würde, habe ich eben begonnen, die Kunst zu unterstützen, Künstler zu unterstützen. Das hat mein Leben und die Ehe geprägt.

Erotik war mir schon wichtig für mein Lebendigsein, für mein Lebensgefühl, für meine Tatkraft. Sex brauche ich nicht mehr so, wie das früher war. Ich habe keine Sehnsucht mehr in mir, nicht so drängend. Wir haben keinen Sex, mein Mann und ich, es hat etwas

Gisela Templin

GISELA TEMPLIN

anderes für uns begonnen, eine andere Ebene der Berührung.

Ich denke nicht, daß ich als Frau eine besondere Aufgabe habe. Ich bin froh, daß ich eine Frau bin, weil die Sinne der Frauen in einer Komplexität mit dem Leben verbunden sind, wie es bei keinem Mann je sein wird. Männer sind fremdbestimmter, sie sind im Grunde abhängiger von Gesellschaft und Kultur. Die Frauen sind in sich eigenständiger und mehr Urmensch als die Männer. In der DDR gab es dieses Mann-Frau-Thema nicht, man verdiente als Frau nicht weniger, man war beruflich und gesellschaftlich als Frau nicht benachteiligt. Das habe ich erst mit der Wende erfahren.

Meine Freunde sind überwiegend Frauen. Wir kennen keine Paare, mit denen wir uns treffen. Die meisten Freunde kommen von mir, sind aber natürlich auch Hannos Freunde geworden. Freunde waren in der DDR sehr wichtig. Wir lebten immer in zwei Öffentlichkeiten, in der privaten und in der offiziellen. Die Freunde waren natürlich eine wichtige Kompensation für die fehlende Offenheit im gesellschaftlichen Klima. Es war aber keine Notgemeinschaft. Freundschaften zu pflegen war bei uns einfach, wir mußten nie über Geld nachdenken, Geld war nie ein Thema, ein Kilometer Zugfahrt kostete acht Pfennige, man konnte sich überall besuchen. Wir hatten zwar keine guten Autos, doch dann fuhr man eben mit dem Zug. Nach der Wende sind viele Freundschaften zerbrochen. Aber das ist ein anderes Thema ... Der gesellschaftliche Umbruch wurde begleitet von Neugier. Wie sind die im Westen?

Was hat die geprägt? Ich habe nun einige »West«freunde, die Fremdheit bleibt und ist zwangsläufig, aber es ist eine spannende Annäherung, man muß sie annehmen, diese Fremdheit, sie ist interessant. Es ist doch irrsinnig, daß man in seiner Muttersprache über vierzig Jahre völlig verschiedener Lebenssituationen und Lebensumstände miteinander reden kann.

Ich habe keine Kinder bekommen. Nach einem Ehejahr wurde ich etwas unruhig, daß kein Kind kam, ich hätte mit meinem Mann sehr gerne eines gehabt, mein Arzt sagte mir, daß ich keine eigenen Kinder bekommen könnte. Da habe ich mein Leben umstrukturiert. Ich habe das Kinderlossein natürlich als schmerzlich empfunden, später hatte ich aber mein ausgefülltes Berufsleben, da habe ich dann den Kinderwunsch irgendwie vergessen. Heute bin ich Wahlgroßmutter. Ich habe mir ein Enkelkind ausgesucht, ein Kind von Freunden, das ich in den Armen hielt, da war es fünf Tage alt, und mir wurde ganz warm und ich wußte, dieses Kind will ich aufwachsen sehen.

Geboren bin ich in Westpreußen. Wir sind 1945 im Januar geflüchtet, kamen im April in Schwerin an. Meine Mutter bekam ihr drittes Kind, sie war auf der Flucht schwanger gewesen, und nach einem halben Jahr starb sie sehr schnell an Typhus. Das war für

meinen Vater eine ungeheure Belastung, der nun für mich und die kleinen Geschwister da sein mußte. Wir lebten in drei Bodenkammern, es war eine unsägliche Nachkriegsarmut. Unser erster Tisch war eine Kartoffelkiste. Meine Mutter fehlte mir sehr, bis in das mittlere Alter und länger spürte ich dieses Wärmedefizit. Wir mußten Phantasie haben, um nicht zu verzweifeln, ich hatte keine Puppe mehr, und so mußte ich eben Stöcke zusammenbinden – das prägt selbstverständlich.

Denke ich an das Alter, so stelle ich mir einen Lebensabend in Berlin vor. Mit Hanno. Vor Krankheit habe ich wirklich Angst. Könnte ich mich nicht mehr selbst versorgen, würde ich in eine Altenpension ziehen wollen, wo ich mit meinen eigenen Möbeln wohnen und fremde Hilfe in Anspruch nehmen kann, wenn ich sie brauche. Das gab es in der DDR nicht – es war ein Grauen, es gab nur diese fürchterlichen Altersheime.

Ich bin religiös erzogen worden. Mit achtzehn bin ich aus der Kirche ausgetreten. Es war mein eigener Entschluß. Heute glaube ich an eine höhere Ordnung und an die Zuordnung meiner Person innerhalb dieser höheren Ordnung. Das ist es, was ich zu Gott sagen kann.

MARGARETHE VON TROTTA
REGISSEURIN, JAHRGANG 1942

Leidenschaftlich und dennoch geduldig

»Würde der Mensch nicht von Zeit zu Zeit souverän die Augen schließen, er sähe zu guter Letzt nicht mehr, was angesehen zu werden verdient.« René Char

Es gibt Tage, da habe ich das Gefühl: Jetzt geht es erst richtig los – eine Hoffnung auf einen Neubeginn, ein bißchen wie in einem Gedicht von Hesse, das ich als ganz junges Mädchen gelesen habe, ich erinnere mich nicht mehr an seinen Titel, aber der Sinn war, daß jede Lebensstufe, jedes Lebensalter zugleich ein Neubeginn sei. Und dann sind da die vielen anderen Tage, an denen ich mich frage: Hast du überhaupt noch Wünsche, und welche, was willst du noch erfüllt wissen oder überhaupt noch erfüllen.

Je älter ich werde, desto mehr bewahrheitet sich der Satz aus den »Drei Schwestern« von Tschechov: Das Leben geht vorbei wie ein Blitz, und ich habe wirklich manchmal den Eindruck, es ist nur wie ein Fingerschnalzen, und schon bin ich wieder verschwunden von dieser Erde. Das geht wohl allen Menschen in meinem Alter so, es ist also nicht sehr originell: Einerseits wissen wir, daß ein Leben lang ist, weil es unser menschliches Leben ist und nicht das Leben eines Baums oder eines Steins, gleichzeitig sind wir Teil des Universums, und innerhalb dieser »Welt«zeit ist unsere Zeit eben nur ein Bruchteil einer Sekunde. Diese beiden, sagen wir mal, Schwingungen wechseln sich ab und werden dann leicht zu Stimmungen. Je mehr die Zeit, die möglicherweise noch vor uns liegt, zusammenschrumpft, desto mehr spüren wir auch die Vergeblichkeit. Von der Vergänglichkeit zur Vergeblichkeit. Im Buddhismus gibt es den Begriff der Non-Permanence, und für seine Anhänger beinhaltet er nichts Schmerzliches, wir dagegen neigen eher zur Trauer, weil unser Leben begrenzt ist. Zum Beispiel würde ich gerne noch Arabisch lernen oder Russisch, und dann sage ich mir: Was soll's denn, schaffst Du doch sowieso nicht mehr und wozu auch. Ich denke, das sind gefährliche Momente; ich würde mir viel lieber ein Beispiel an einem meiner Onkel nehmen, der mit fünfundsechzig noch angefangen hat, Chinesisch zu studieren. Andererseits könnte es ja auch ein positives Zeichen sein, daß man sich beschränkt, weil man begriffen hat, was man will. Ich will nicht mehr alles haben, nicht mehr alles machen, nicht mehr alles kennenlernen, dennoch möchte ich das, was ich mache, intensiv machen, leidenschaftlich und dennoch geduldig, mich nicht von der vermeintlich kurzen Zeit, die ich noch habe, schrecken und drängeln lassen.

Viele Dinge, die mir wichtig waren, als ich jung war, brauche ich nicht mehr, auch keine Anerkennung, die ich natürlich gesucht habe, als ich anfing in meinem Beruf. Ich wollte mich beweisen, auch vor mir selbst, und Kritik hat mich getroffen, auch diese kann ich heute besser aushalten. Ich habe erkannt, daß so eine Art Urkern in mir ist, der unzerstörbar ist,

MARGARETHE VON TROTTA

egal, ob ich leide oder einen glücklichen Augenblick erlebe. Er ist vergleichbar mit einem schwarzen Loch, in dem alle Energie sich zusammenzieht, die in einem ist. Das habe ich oft erfahren, gerade dann, wenn ich glaubte, es ginge nicht mehr weiter und ich könne nur noch untergehen ... dann ist diese geballte Kraft des Überlebens da. Mein Leitspruch war lange: Wer spricht von Siegen, Überstehen ist alles. Dann noch eins, was im Alter, denke ich, leichter wird. Man hat im Laufe des Lebens so oft versucht, andere Menschen und auch sich selbst zu verändern, manchmal sehr radikal; hat versucht, sie nach einem Bild zu formen, das einer Idealvorstellung entspringt. Vergebens. Aus dieser Erkenntnis heraus wird man großzügiger und gütiger, auch sich selbst gegenüber. Was ich mir jetzt noch wünsche, ist vielleicht offen und neugierig zu bleiben für das, was auf mich zukommt, was das Leben

und die Welt mir noch anbieten. Angst habe ich nur davor, diese Neugier auf andere Menschen und auch auf mich selbst zu verlieren. Auf die Geschichten der Anderen, ihr Leben, auf die Entwicklung unserer Welt.

Was ist der Sinn des Lebens? In und nach der Pubertät habe ich mir viele Gedanken gemacht über den Sinn des Lebens, Antworten gesucht bei Philosophen, Lehrern, Freunden, auch Christen. Diese Begierde nach Sinn nimmt ab mit den Jahren. Natürlich, sich mit Philosophie zu beschäftigen oder mit Religionen, das mache ich nach wie vor, aber mehr auf wissenschaftlicher Ebene denn als Sinnsuche.

Weil ich, denke ich, keinen Sinn finden würde. Da könnte ich ja nur verzweifeln. Dazu ist dieses Jahrhundert nicht angetan, mit all den Grausamkeiten und all dem, was wir an Hoffnungen hatten, die nicht erfüllt wurden und dem, was wir schon vorgefunden haben, als wir anfingen zu denken. Was Menschen anderen Menschen in diesem Jahrhundert angetan haben, und was mit den Opfern passiert ist, und warum die Opfer Opfer waren und die Täter Täter, wo liegt da ein Sinn?

Ich versuche mir manchmal Mut zu machen und zu sagen, der Sinn ist der, daß ich das Leben trotz alledem liebe, und daß es auch zum Leben dazu gehört, daß man verzweifeln kann am Leben, und dann hat man immer noch das Recht auf den eigenen Tod. Sich umzubringen zu einem Zeitpunkt, den man selbst bestimmt, das ist vielleicht die einzige Freiheit, die wir haben. Diese Vorstellung hat mich oftmals beruhigt, und du siehst, umgebracht habe ich mich nicht. Wohl auch wegen dieses Blitzes, von dem ich sprach. Manchmal, nun ja, muß man sein Recht auf Abschied und Trennung in Anspruch nehmen, das habe ich mehrmals in meinem Leben getan. Ich glaube, daß man für das, was in einem angelegt ist, auch an Talenten, eine Verantwortung hat. Es gibt zu diesem Thema den sehr schönen Film »Andrej Rublov« von Andrej Tarkowski. Andrej Rublov ist ein mittelalterlicher Ikonenmaler, der lange Zeit nicht mehr malt, weil er sich über Gott »geärgert« hat und zum Schluß erkennt, daß nicht er darüber entscheiden darf zu malen oder nicht zu malen. Gott hat ihm dieses Talent gegeben, und er MUSS es ausüben. Das gilt für jeden Künstler. Insofern sind alle Menschen, die mit Kunst zu tun haben, manchmal unverständlich grausam anderen Menschen gegenüber, weil sie sich entscheiden müssen zwischen ihrer Privatheit und dem Weg, von dem sie spüren, daß sie ihn gehen müssen. Es ist schwer, wenn du dann keine verständnisvollen Menschen neben dir hast. Sie können diesen Weg ja oft nicht sehen, sie brauchen erst Beweise –, du selbst aber spürst, daß es der richtige Weg ist. Ich habe mir gewünscht, Regisseurin zu werden, und bin es geworden. Dafür habe ich Liebesverluste und Einsamkeit in Kauf genommen. Das war nicht immer leicht, natürlich wünscht man sich im Grunde immer alles auf einmal. Wie Rosa Luxemburg in meinem Film. Auch sie wollte Mutter und Revolutionärin sein, wollte ihre Intelligenz ausleben und ebenso ihre Mütterlichkeit, ihr wurden von ihrem Mitstreiter keine Kinder zugestanden, obwohl sie sich Kinder gewünscht hat, umgekehrt also, wie es vielen Frauen geht, denen immer noch nur das Mutterdasein zugeordnet wird.

Für eine Frau, die Erfolg hat, ist es viel komplizierter als für einen Mann. Wenn Männer Erfolg haben, werden sie für Frauen anziehend; Frauen dagegen müssen eher mit Abwehr und Mißtrauen rechnen, auch mit Neid. Ich habe mir immer gewünscht, von einem Mann in meiner Entwicklung unterstützt zu werden, so wie ich bereit war, ihn zu unterstützen, und mußte oft schmerzlich feststellen, daß sie mich eher bremsten, weil sie Angst hatten, ich könne sie »überflüglen«. Dabei sollte doch jeder Mensch so weit gehen, sich so weit fortentwickeln dürfen, wie es nur möglich ist; das heißt ja nicht, daß man dadurch mehr wert ist als andere. Ich habe leider nicht erlebt, von einem Mann in diesen Bestrebungen begleitet zu werden und gleichzeitig akzeptiert zu werden als Frau, die, genau wie er selber auch, älter wird. Ich habe oft das Gefühl gehabt, mein »Licht unter den Scheffel« stellen zu müssen, um nicht verletzt zu werden oder zu verletzen.

Von meiner Mutter habe ich nur Ermutigung erfahren. Sie hat mich nicht dazu erzogen, gehorsam zu sein oder klein beizugeben, und daß ich dann später gekämpft habe, ist sicher ihr Verdienst, in allererster Linie. Sie sagte immer: »Ich hätte nie heiraten können, weil ich mich keinem Mann hätte unterordnen können.« Meine Mutter ist in Moskau geboren, in einer adeligen Familie, deutschstämmig, aber mit russischer, das heißt zaristischer, Staatsangehörigkeit. Nach der Russischen Revolution haben sie fliehen müssen und wie alle Emigranten ihre Staatsangehörigkeit verloren. Sie waren plötzlich ohne Paß, also ohne Identität. Aus diesem Dilemma hat ein norwegischer Diplomat sie zu befreien versucht, indem er den Staatenlosenpaß erfand. Da meine Mutter nicht verheiratet war, bin ich als Staatenlose geboren und hatte bis zu meiner ersten Ehe einen »Fremdenpaß«. Fremdsein heißt heimatlos sein. Ich bin zwar in Berlin geboren, aber wenn man während seiner Kindheit immer »staatenlos« antworten muß, ist es nicht einfach, sich mit Deutschland zu identifizieren. Es war seltsam, meine Mutter und ihre Geschwister redeten, genau wie in den »Drei Schwestern«, immer von »Moskau, Moskau«, aber meine Mutter ist nie wieder dorthin gekommen. Als ich mit achtzehn Jahren nach Paris als Au-pair-Mädchen gegangen bin, um dort zu studieren, war ich für die Franzosen eine Deutsche. Ich kam aus Deutschland, meine Sprache war deutsch, also wurde ich immer wieder angegriffen und konfrontiert mit unserer Vergangenheit, als habe ich Mitschuld am Holocaust gehabt. Es war eine ganz neue, oft bittere Erfahrung für mich. In Deutschland ausgegrenzt und im Ausland die böse Deutsche.

Die Frauenbewegung war wichtig für mich, natürlich. Ich habe mich aus meiner ersten Ehe gelöst nach 68, auch mit Hilfe dieses neuen Bewußtseins. Mein Mann hat sich gegen meine »Filmwünsche« gestellt, damals war ich ja zunächst noch Schauspielerin, er kam von der Literatur her und fand Film etwas »Unwürdiges«, außerdem hat er mir den Beruf

einer Regisseurin wohl auch nicht zugetraut, vielleicht wollte er mich auch vor Enttäuschungen schützen, mag sein. Ich hab' es damals empfunden, als wolle er mir Gewalt antun, und so mußte ich einfach weggehen. Meine Mutter hatte mich immer ermutigt, meine Fähigkeiten wahrzunehmen und meinen Mund aufzumachen, die Rolle der unterwürfigen Frau habe ich von ihr nicht gelernt, die wurde mir eher von außen angetragen. Von der Schule, von Institutionen, von Männern allgemein, aber eben auch von meinem Ehemann. Ich fühlte mich manchmal sogar richtig schuldig, daß ich diesem verordneten Bild nicht entsprechen
wollte und konnte. Mein erster französischer Geliebter hat mir einmal gesagt: »Du wirst nie eine richtige Frau, Du hast nicht diesen Dackelblick.« Und da ich ihn sehr mochte, hab' ich zunächst tatsächlich versucht, diesen Blick zu erlernen. Das muß man sich mal vorstellen!

Ruhm ist für mich kein Wertmaßstab. Es ist angenehm, Erfolg zu haben, weil man mehr geliebt wird, oder jedenfalls erscheint es so. Obwohl ich von Anfang an mißtrauisch war. Es hat zu lange gedauert, bis ich das machen konnte, was ich mir schon mit achtzehn gewünscht hatte, ich habe viele Menschen erlebt, die mich vorher und nachher anders behandelt haben.

Was ist wichtig? Erfolg gibt die Gewißheit, weiterarbeiten zu können. Ich habe vielleicht den Nachteil, daß es mir schwerfällt, mich nach Moden zu richten. Ich habe einen inneren Leitfaden, und dem muß ich folgen, mal treffe ich zufällig den »Zeitgeist« und dann wieder nicht. Insofern ist es ein ständiges Auf und Ab, und es wäre sehr dumm, sich in Momenten des Erfolges überlegen zu glauben. Ich empfinde es sowieso als ein großes

Privileg, daß es für mich keine Trennung zwischen Beruf und Privatleben gibt. Daß ich etwas mache, das mich überleben läßt und mir gleichzeitig Freude macht. Dafür nehme ich viele Unsicherheiten und Anfeindungen in Kauf.

Ich müßte lügen, wenn ich sagen würde, daß ich mit Männern schlechter zusammenarbeite als mit Frauen. Ich habe immer wieder sehr gute Erfahrungen mit männlichen Mitarbeitern gemacht, mag sein, weil sie merken, daß ich professionell gut bin, daß ich weiß, was ich will und es auch umsetzen kann, und dennoch nicht versuche, autoritär zu sein, sondern eine freundliche, gleichberechtigte, heitere Arbeitssituation zu schaffen. Außerdem bin ich, glaube ich, versöhnlicher geworden. Ich habe viel gekämpft, ich habe mich untergeordnet, und bin ausgerissen, ich habe wieder gekämpft, auch um meine intellektuelle Glaubwürdigkeit. Dabei habe ich oft nicht genug wahrgenommen oder es auch nicht wahrhaben wollen, daß Männern auch nicht immer alles in den Schoß fällt, und sie oft widerwillig den großen Macker spielen, nur weil sie glauben, daß es von ihnen erwartet wird. Vielleicht sind sie sogar verletzlicher als wir, suchen noch mehr Schutz, als ich annahm. Es ist schon interessant zu sehen, wie lange ein Mann nach einer schiefgegangenen Liebesbeziehung allein bleibt und wieviel Zeit bei einer Frau vergeht. Die Männer sind doch ganz allgemein leidensunfähiger als wir, und ich finde nun mal, daß auch Leiden zum Leben dazugehört. Manchmal wird ihnen ja auch eine Verantwortung aufgehalst, die sie viel lieber los wären. Außerdem habe ich festgestellt, daß meine männlichen Freunde mit dem

Alter schlechter fertig werden als ich. Auch das stimmt mich milder. Die allgemeine Meinung, daß Frauen in den Wechseljahren unausstehlich seien und es gewaltig schwer hätten, da sie ihren Zustand, die äußeren Zeichen, das Ausbleiben der Monatsblutungen, ob sie nun wollen oder nicht, akzeptieren müssen, ist nur allzu deutlich. Männer im Umbruch zum Alter dagegen versuchen, sich etwas vorzumachen. Warum dieses ganze Geschrei um Viagra, sie haben eine unkontrollierbare Panik vor dem Niedergang ihres »Instruments«, nicht wahr? Als sei das schon der Tod. Und immer, wenn ich in letzter Zeit zu einem gleichaltrigen Mann, ein wenig flapsig, gesagt habe: »Na ja, wir sind eben alt oder wir werden eben alt«, bekomme ich diesen abwehrend-empörten Blick zugeworfen und danach den obligaten Hinweis, daß es damit nun wirklich noch Zeit habe.

Im Moment lebe ich allein, und es ist, nach so vielen Jahren des Zusammenlebens mit verschiedenen Männern, eigentlich eher angenehm, wenn es auch Momente gibt, in denen ich traurig werde. Zum Beispiel, wenn ich von einer Reise nach Hause komme, und so gar niemand da ist, der auf mich wartet und sich freut. Aber ich merke, ich habe meinen eigenen Rhythmus, ich bin weniger besorgt, ich tue Dinge, die ich vorher nicht gemacht habe. Und die Vorstellung, es könnte wieder ein Mann bei mir einziehen oder ich bei ihm, sehne ich nicht unbedingt herbei. Ich merke, ich bin einfach nicht mehr so schrecklich an Männern und auch an Sex interessiert. Sex war wichtig für mich, aber nun fehlt er mir nicht. Ich habe eher, wenn ich so viel arbeite wie in den letzten Jahren, einen Hunger nach Verinnerlichung, nach Spiritualität, um mich auszufüllen mit etwas, das über diese tägliche Anstrengung der Arbeit hinausweist. Ich lese eher mal buddhistische Bücher, obwohl ich keine Buddhistin bin. Das mag sich wieder ändern, ich werde sicher nicht zum radikalen Single, aber zur Zeit suche ich keine Begegnungen der »zweiten« Art, halte nicht auf Festen oder sonstigen Anlässen innerlich Ausschau nach Gelegenheiten, obwohl ich immer etwas übrig hatte für Abenteuer, aber mehr eben doch noch für Abenteuer geistiger Art. Abenteuer im Sinne von Herausforderungen.

Ob ich mich zu Frauen hingezogen fühle? Nach meinem Film »Heller Wahn« haben alle Italiener gedacht, ich sei lesbisch, dabei habe ich nur ungewöhnliche Frauenfreundschaften beschrieben. Aber sicher, eines meiner Abenteuer war auch, daß ich neugierig auf Frauen war. Innerhalb der Frauenbewegung haben viele Frauen dieses Bedürfnis gehabt, was nicht hieß, daß sie lesbisch wurden. Ich habe viele, sehr gute Frauenfreundschaften, auch mit lesbischen Frauen, und wenn es mir schlecht geht, würde ich mich bestimmt zuerst an eine Frau wenden. Es ist wie ein Netzwerk unter Frauen, und einige, die heute noch mit ihren Männern leben, sagen mir, ganz zuversichtlich: »Ach, wenn es schief geht, komme ich zu dir« und setzen einfach voraus, daß ich sie aufnehme.

Das Älterwerden heißt auch, daß der Körper häßlicher wird. Was an »Weisheit« und Gelassenheit hinzugewonnen wurde, kann uns nur ungenügend mit dem Verfall der »Schönheit« versöhnen. Dennoch möchte ich nicht durch Operationen in einen Zustand versetzt werden, der mich zwanzig Jahre jünger aussehen läßt. Wozu habe ich denn überhaupt gelebt, wenn man nicht bemerken darf, daß ich gelebt habe? Ich habe vor kurzem von einem befreundeten Wissenschaftler erfahren, daß wir in zwanzig Jahren so weit sein werden, die äußeren Anzeichen des Alters zu unterdrücken oder aufzuheben, was kein ewiges Leben bedeuten würde, aber Greise würden im Moment ihres Todes aussehen wie ihre Enkel. Diese Vorstellung finde ich eher erschreckend. Ich erinnere mich, daß ich einmal eine Dermatologin gefragt habe, wie ich meine Falte auf der Stirn, die mich manchmal so erbost aussehen läßt, mildern könnte. Sie fragte mich nach meinem Alter und sagte: »Dann haben Sie ein Recht auf Ihre Falte«. Das hat mich beeindruckt, und seither sind aus der Falte Falten geworden, und ich denke, ich habe ein Recht auf sie.

Gedanken an Sterben und Tod haben mich mein ganzes Leben begleitet. Dabei hatte ich viel mehr Angst vor dem Tod, als ich jung war. Ich war der Überzeugung, die dreißig nicht zu überleben und war fast erstaunt, als ich es dann doch tat. Ich hatte auch oft die Vorstellung, unter der Haut schon von Würmern zerfressen zu sein, wie auf gewissen mittelalterlichen Bildern. Ab dreißig wurden diese Ängste geringer. Mittlerweile sind viele Freunde gestorben, auch Menschen, die jünger waren als ich, so daß ich manchmal denke, ich habe sowieso schon überlebt, bin älter geworden, als mir zusteht. Gleichzeitig fühle ich mich gut, gesünder als früher, stärker, und voller Energie, den Tod fürchte ich weniger als den Abbau des Gedächtnisses. Meine Mutter hatte zum Ende ihres Lebens die Alzheimer Krankheit. Davor graut es mir. Nicht mehr zu wissen, wer ich bin und wer die anderen sind. Auch weil ich mir von jeher gewünscht habe, im Augenblick des Sterbens bei Bewußtsein zu sein. Dem Tod sozusagen in die Augen zu blicken. Immerhin ist es das letzte Abenteuer im Leben, und davon möchte ich noch etwas »haben«, nicht wahr? Es gibt so viele Menschen, die sich wünschen, ganz ruhig im Schlaf zu sterben, das habe ich nie verstanden.

LENA VANDREY
KÜNSTLERIN, JAHRGANG 1941

*Unsere Generation ist wie ein Weißbuch,
denn man weiß nichts über uns*

Ich bin in der Hölle geboren;
ich stamme aus einem Satansstall –
die Gottheit hat mich erkoren,
vorzudringen ins All.
Von ihrem 10. Turm sah ich sie –
die offenen Venen des klitoridianischen
Geschlechts!
Bist Du stumm, heute, heute? Himmel!
Warum kein Zeichen?
Warte, Himmel, wir kommen!
Regen, Donner, Blitze! Helligkeit!
Die Weiße Generation erholt sich, lebt!
Sie hat ihre Augen, Augen gefunden.
Freue Dich, Himmel!
Nichts ist verloren, nichts gegangen.
Mysterien? Rätsel? Ja, Nein!
Offenbarung, nackte Nacht: ein Hemd
Über den Tag gestreift: Wir leben!
Danke Dir zu sein; Dich Dich kennen dürfen,
Durst: Du hier!

LENA VANDREY

Mein heutiges Lebensgefühl ist geprägt von Freude und Stärke, so, als ob mein Leben jetzt wirklich anfangen würde. Ich spüre eine Kraft, die geradezu bombastisch ist, die ich früher nicht hatte. Mein Geist, meine Seele und mein Intellekt sind so stark, daß ich mir manchmal Sorgen mache, ob mein Körper das noch aushält. Mein jetziges Lebensstadium betrachte ich als absolute Explosion von allem. In Zukunft möchte ich aber mehr Ruhe finden, ein bißchen weniger arbeiten, mehr schlafen, mich mit Deutschland wieder vertragen, mich ein bißchen besser benehmen, und damit aufhören, allen Leuten ständig die Wahrheit zu sagen. Ein paar gigantische Arbeiten möchte ich noch schaffen, meine Betonburg zum Beispiel. Von allem hier im Haus werde ich mich langsam trennen. Ich werde es wohl stiften, damit mein gesamtes Werk hier in Frankreich ein Museum erhält; dann möchte ich Gedichte und Gesänge schreiben und zeichnen.

Obwohl es seltsam klingen mag, habe ich unsere Generation immer gesucht, aber fange gerade jetzt erst an, sie zu finden. Jetzt habe ich Freundinnen in meinem Alter, die in den bewußten furchtbaren Jahren geboren wurden, und ich nenne sie Genies. Das sind Frauen, denen irgendwann einmal ein Genium, ein Engel begegnet ist. Die weiße Generation ist voll von genialen Frauen. Wir verstehen uns untereinander, weil alles evident ist, alles ist klar zwischen uns. Uns wurde unsere Kindheit genommen, man hat uns unsere Sprache verdorben, man hat uns alles weggenommen.

Meine Wunschlebensform ist ein bißchen bizarr. Ich habe den Wunsch, etwas zu bauen und zwar ein modernes Schloß aus Protobeton, vollständig elektronisiert, mit Glas und Farbe. Sollte sich jemand zu nahe an diese Betonburg heranwagen, bekommt er eine Mischung aus Wasser und Pfeffer ins Gesicht geschleudert. Und dann will ich ein Schwimmbecken bauen, die eine Hälfte zum Schwimmen, die andere Hälfte als Biotop für Tiere, weil ich gerne mit Schlangen schwimme. Ich habe viel mit wilden Tieren zu tun, während Haustiere mir auf die Nerven gehen. Sie sind Sklaven, und ich ertrage keine Sklaverei. Dann möchte ich noch eine Liga gegen Klitorektomie gründen, denn das, was den Mädchen da angetan wird, ist eines der schlimmsten Verbrechen. Gegen die Beschneidung von Jungen bin ich ebenso. Ich finde es ein Verbrechen, am Geschlecht eines wehrlosen Kindes herumzuoperieren! Die dritte Sache, die ich mir wünsche, ist die Fertigstellung meines neuen Projektes »Oratoria Jederfrau«. Ich erarbeite die Musik dafür zusammen mit Algerierinnen, die in Paris leben. Wenn ich diese Musik höre, kann ich wunderbare Texte für

die weiße Generation schreiben, denn auch sie mußten ihr Land verlassen, und schließlich lebe ich mit einer Algerierin zusammen, da wird man automatisch arabisiert!

Zum Stichwort männliches Wesen fällt mir als erstes meine eigene Männlichkeit ein. Ich sehe mich als eine androgyne Person, die in einem Frauenkörper geboren wurde, allerdings ohne Bedauern, kein Mann zu sein, denn ich finde weibliche Sexualität wunderbar. Männer werden nicht stärker geboren, das ist Unsinn, aber sie werden ganz anders angefaßt als wir Frauen. Ich habe auch viele männliche Freunde, denn wenn Männer mich und meine Identität respektieren, habe ich eine sehr gute Beziehung zu ihnen. Wer das allerdings nicht tut, wird ein ganz schlimmer Feind, und ich bin stärker als er. Wenn jemand über eine gewisse Grenze geht, an diese Verletzbarkeit des genialen Kindes in mir, dann werde ich ganz böse und furchtbar wütend.

Ich arbeite für Frauen und lasse mich von Frauen inspirieren, dabei gibt es ganz gigantische Gestalten, und die male ich. Frauen liebe und begehre ich, ich bin eine Erotomanin, da ist nichts zu machen. Das ist in einer Partnerschaft natürlich ein Problem. Im Grunde denke ich permanent an Frauen, mit denen ich ins Bett gehen will. Und daraus entsteht ein großer Teil meiner Kunst, meine Kunstgestalten sind alles meine Geliebten. Ich habe nur meine Geliebten gemalt, ob ich sie nun gehabt habe oder nicht.

Ich weiß nicht recht, was ich über das Matriarchat denken soll, ich finde das eigentlich irgendwo langweilig und weiß gar nicht, warum. Ich glaube, es hat Amazonen gegeben, aber ein Matriarchat? Wenn es das gegeben hätte, warum hat es aufgehört? Hätten uns die Männer wirklich alles geklaut? So kann ich mir eine Welt nicht denken. Ich glaube, die Welt war von Anfang an sehr stark männlich besetzt, und auch die Frauen, die Amazonen, waren sehr männlich, sehr maskulin. Es gab zum Beispiel den Kult der Bacchien, einen Frauenkult, der eines Nachts für die Söhne der Frauen geöffnet wurde. Vielleicht ist das Matriarchat über diese Mütter verloren gegangen.

Ich habe Sexualität entdramatisiert, weil ich daran nichts Schlimmes, sondern nur Schönes finde. Gerade heute empfinde ich meine Sexualität stärker, freier und verrückter als früher. Aber ich möchte immer in einer Partnerschaft leben, und es kommen dafür nur Frauen in Frage. Ein Mann wäre für mich nur dann vorstellbar, wenn Frauen mich nicht mehr wollen, aber was die Sexualität anbelangt, da wäre ich dann glaube ich der Mann!

Mein Meister war meine Mutter, die ich eigentlich umbringen wollte, weil sie mir zum einen immer davon erzählte, wie sie Frauen anmachte, und dann aber mit den Männern strahlend aus dem Raum ging. Frauen gegenüber war sie eine Exhibitionistin, verehrte aber die Männer auf eine grauenhafte Weise. Sobald ein Mann den Raum betrat, verwandelte sie sich in eine Gottheit,  zu Hause allerdings durften alles die Kinder machen, da war sie eine totale Schlampe. Außerdem hat sie mich viel zu früh mit ihrer Art von wirklich immenser intellektueller Männerkultur und Heldenverehrung bedrängt, das hat mir geschadet. Sie hat die Männer als Helden angesehen. Unsere Generation war wohl die erste, die damit gebrochen hat und die Männer ganz anders betrachtet hat, und das ist gut. Um dieser ganzen Männerkultur zu entfliehen, bin ich zum einen früh weggelaufen, und zum anderen habe ich mir eine Schreibsprache angeeignet, die sie nicht verstehen konnte. Ich habe meine Mutter abgelehnt, schon als Kind wollte ich verhindern, daß sie meine Gedichte liest. Während sie mir permanent Briefe geschrieben hat und auf diese Weise mit ihrer kleinen

Tochter so etwas wie eine Psychoanalyse gemacht hat, habe ich ihr nur knapp, synthetisch und kurz zurückgeschrieben. Ich konnte nicht auf das eingehen, was sie schrieb, das wäre für mich unmöglich gewesen. Dann geschah das Wichtigste für mein eigenes Schreiben, denn ich begann, meine Texte in französisch zu verfassen, damit sie mich nicht mehr verstehen konnte. Alles war verschlüsselt, und nur ich hatte den Schlüssel. Über diese Art zu Schreiben habe ich mich gegenüber dieser hochkultivierten übermonströsen Mannmutter emanzipiert.

Mein Vater war ein ganz seltsamer Typ. Er war gegen mein politisches Engagement und gegen Musik. Aber als mein erstes Buch erschienen ist, hat er sich bei mir bedankt. Meine letzte Begegnung mit ihm spiegelt unser eigenartiges Verhältnis vielleicht wider. Eines Tages stand er in Paris vor meiner Tür mit einer Flasche Champagner und einem Beutel Austern. So etwas hatte er meistens mit sich, um es zusammen mit den Chlochards zu verzehren. Er sagte: »Termin heute abend um 19 Uhr im chinesischen Restaurant.« Da ich eine brave Tochter bin, ging ich zur verabredeten Zeit in das Lokal. Ich setzte mich und fragte: »Sollen wir nicht etwas essen?«, darauf mein Vater: »Ich habe längst gegessen!« Ich bin noch eine halbe Stunde geblieben, bin dann aufgestanden und habe »Adieu Papa« gesagt. Danach habe ich ihn nie mehr wiedergesehen, wir haben uns nur noch geschrieben. Es waren schon ganz merkwürdige Leute, meine Eltern. Seltsamerweise ist mein Vater mir nie als Mann erschienen, obwohl er ein Riese war und sehr gutaussehend. Vielleicht verbindet sich meine Vorstellung von einem Mann eher mit meinem Adoptivvater Wanja, der Maler war und mich mit Lexika bewaffnete und mir zeigte, wie ich mich mit Polizeiknüppeln aus Indien verteidige. Er hat mich geprägt.

Mein Gehirn ist ständig unter Zwang, ich kann nicht anders. Nur wenn der Körper nicht mehr mitmacht, kann ich für einen Moment aufhören, zu arbeiten. Die meisten Ideen kommen mir morgens, ich muß sie sofort aufschreiben. Da muß man mich auch in Ruhe lassen. In der Nacht bin ich dann ein Arbeitsmensch, da setze ich das Gedachte dann um. Nachts bin ich ruhelos, ich wache, weil ich wachen muß. Es kann ja mal etwas passieren, diese Nachtwacherei, die kommt aus Deutschland, von den Bomben, von der Angst unserer Mütter, vom Schutt, von den Trümmern, von unseren eingesperrten Vätern, von den vergewaltigenden Befreiungsarmeen. Und Deutschland bezahlt Memorials für die Rote Armee, die 60000 Frauen vergewaltigt hat. Da kann ich nicht schlafen.

Die erste Erfahrung mit Aggression machte ich, als ich noch sehr jung war. Besoffene Matrosen waren in Hamburg hinter uns her und haben meine Schwester angegriffen. Ich habe eine Woche lang mit ihr trainiert, bis sie mich besiegt hatte. Die Narben dieser Kämpfe kann man heute noch sehen. Dann erst habe ich gesagt: »Jetzt darfst du wieder auf die Straße und kannst dich wehren!« Ich kann rasen vor Wut, so daß ein Blick genügen kann, damit sich jemand lieber wieder von mir abwendet. Ich kann Sachen zertrümmern, auf Leute losgehen und richtig um mich schlagen. Aggression ist ein wichtiges Medium für mich, was mir aber wahnsinnig auf die Nerven geht. Ich bin wirklich extrem aggressiv und dann wieder das sanfteste Wesen der Erde, wenn man mich in Ruhe läßt. Ich bin wie ein Stier. Stiere tun niemandem etwas, die wollen nur in Ruhe grasen. Der Stier ist ein wunderbares Wesen, er war das Spielzeug der großen Frauen auf Kreta. Die schwangen sich auf ihn und sprangen drüber. Er war das große Zeugungssymbol, ein

Gott. Und was ist er jetzt geworden? Ein gequältes Tier, und ich bin auch so. Wenn man mich quält, dann sehe ich rot, und wenn man mich läßt, tue ich keiner Seele etwas zu leide, ich kann ja noch nicht einmal eine Fliege töten.

Früher war meine Schönheit für mich ein großes Problem, denn ich galt als eine sehr schöne Frau. Oft war diese Schönheit ein Handicap, manche Frauen wollten nicht mit mir schlafen, weil sie dachten, ich lasse sie sowieso sofort wieder fallen. Dabei habe ich noch nie jemanden fallen lassen. Früher wurden Lesben ja noch verfolgt, ich führte deshalb eine Scheinehe, die ich übrigens den Verbindungen eines Freundes zu verdanken hatte, weil meine Papiere nicht in Ordnung waren. Hier kam mir meine Schönheit entgegen, sie half uns, den Schein zu wahren. Wir waren das schönste Paar, also glaubten uns alle! Jedenfalls stelle ich mit Freude fest, daß ich diese Schönheit nicht mehr habe, und auf einmal werden alle Frauen lieb und goldig zu mir. Die Schönheit ist noch da, aber nicht diese Vorzeigeschönheit des Patriarchats. Jetzt ist es eine wirkliche Frauenschönheit, mit natürlichen Mängeln. Ich mag meinen Körper heute eigentlich viel lieber.

Hier in der Provence kann man nur leben, wenn man sich eine katholische Kultur aneignet, sonst versteht man die Leute hier nicht und ich will sie verstehen, auch wenn ich an Jehova glaube. Das ist es aber nicht, was ich unter Geist und Spiritualität verstehe. Der Geist ist dauernd in mir beschäftigt, manchmal ist mir das zuviel. Gleichzeitig gibt es ein großes Gefühl der Geborgenheit im Geist und ich weiß, daß über mich gewacht wird, vielleicht von den Engeln. Engel sind für mich androgyne Gestalten und wunderschön.

Bis vor einiger Zeit war Sterben eine große Angst für mich, ein ganz großes Problem. Im Moment habe ich diese Angst nicht, weil ich sehr verliebt in eine Frau bin, die mich so zum Lachen bringen kann, daß ich die Angst vor dem Tod ganz vergesse.

Ich möchte, daß die Menschheit besser lebt, daß wir ein bißchen besser auf unsere Kinder aufpassen, gütiger miteinander umgehen, intelligenter, und uns besser erkennen können. Natürlich wünsche ich mir, daß denen, die ich liebe, nichts passiert. Gestorben muß ja irgendwann mal werden, aber mein Motto war immer: Tod und Krankheit sind verboten. Ich finde, diese Welt ist krank, und ich möchte ihr in gewisser Weise helfen zu gesunden. Ich bilde mir nicht ein, das durch meine Kunst leisten zu können, eher durch solche Projekte wie dieses Buch, denn es wird Menschen erreichen, die ich durch meine Kunst nicht erreichen kann, darin bin ich eine sehr bescheidene Künstlerin.

Ursula Wagner
Performance-Tänzerin, Jahrgang 1945

Das Meer tanzt mich, und ich tanze das Meer

Meine Kindheit an der Ostsee – vielleicht konnte
ich eher schwimmen als laufen, auf Bäume klet-
tern als gehen. Die hohen Bäume, die unten
keine Äste hatten, gefielen mir besonders. Spielzeug gab es nicht. Sommerlang formten wir
Landschaften, Traumstädte aus Sand und Wasser. Um nicht zu erfrieren, mußte ich mich
bewegen, Körper wie Stimme anwärmen. Diese
Vitalität zu spüren, war eine elementare Lust –
über menschenleere Strände kugeln, im eiskal-
ten Wasser, »Energien tanken«, im Spiel mit dem
Sturm meine skurrilen Bewegungsphantasien
ausleben, an die Grenzen meiner Kraft gehen.
Ich liebte riskante Spiele, wo ich (Körper) Ängste in Mut umwandeln konnte. Zu Hause gab es
wenig Freiraum mit drei Geschwistern und
einem blinden Vater, viel Reglement. Draußen in
der Natur fühlte ich mich frei und hatte Zeit zu
träumen. Dort lernte ich Energien kennen, die
durch Bewegung und Gegenbewegung, durch
Spannung und Gegenspannung entstehen, die
spätere elementare Voraussetzung, eine nicht
konventionell tänzerische Arbeit zu verfolgen –
jeden Tanz neu zu erfinden.

Die Wende zu meinem heutigen Lebensgefühl, über das ich sehr glücklich bin, begann so mit Mitte Vierzig. Ich konnte viel stärker selbst bestimmen, was und wohin ich wollte. Ich bin so froh, älter zu werden und genieße mein Leben, mit allem, was ich durchgesetzt habe. Vor allen Dingen meine künstlerische Entwicklung als Performance-Tänzerin, weil das Leben und Arbeit ist. Es gehört für mich alles zusammen. Meinen Lebenssinn sehe ich darin, mich selbst zu finden und das aufzuspüren, was mich ausmacht. Erst dann kann man Verantwortung übernehmen, Menschen gegenübertreten und in der Welt Spuren oder Veränderungen hinterlassen.

Natürlich steht die Erforschung des Körpers für mich im Mittelpunkt der eigenen Entdeckungsreise. Es ist nichts näher als der Körper, ich bin das Material und brauche unendlich viel Zeit und Ausdauer, mich immer wieder damit zu konfrontieren. Wenn man den Körper in all seinen Anforderungen erlebt hat und ihn wirklich als Körper empfindet, dann hat man eine Lebensaufgabe, und genau das wollte ich. Ich will die Dinge tief begreifen, die Kraft, die Balance, den Ausdruck, einfach alles. Wenn ich meinen Körper auf diese Weise durchdrungen habe, bin ich sehr autonom und kann darüber verfügen und es anderen weitergeben. Ich war schon lange der Auffassung, daß der Körper stärker als jede Maschine ist. Er ist nicht kleinzukriegen, ist so phantasievoll und vielgestaltet. Dieses Denken hat meine Energie immer wieder herausgefordert. Ich liebe es, meine Kräfte zu provozieren, weil ich mich nicht langweilen will und keine Lust habe, mich zu wiederholen. Ich bin immer neugierig zu sehen, was verschiedene Materialien und Räume mit dem Körper machen. Dabei entwickeln sich die ungeheuerlichsten Reaktionen und sehr dynamische Prozesse. Der Stein tanzt mich, ich tanze den Stein. Im Tanz erlebe ich eine Art höhere Kraft und spüre, »daß es mich tanzt« – ein unglaubliches Gefühl! Ein Dialog entsteht, und äußerste Konzentration ist erforderlich. Auch das liebe ich. Ich glaube, daß aktive Konzentration mit Kraft zusammenhängt und Ausdruck der Muskulatur ist.

Wenn ich mir eine Wunschlebensform erdenke, stelle ich mir ein Leben alleine vor, weil ich mich dann am freiesten fühle. Ich glaube, daß ich es keinem Menschen wirklich zumuten kann, diesen Freiheitsanspruch mit mir zu teilen. Ich brauche das für meine Bewegungen und für meine Phantasie. Natürlich liebe ich die Menschen und möchte auch auf sie zugehen, aber immer unter dem Aspekt des Loslassens. Dieses Gefühl des Loslassenkönnens entfacht ein größeres Kribbeln im Bauch als das Festhalten. Auf der

Ursula Wagner

anderen Seite birgt dieses Denken auch starke Einsamkeiten, aber damit bin ich groß geworden. Schon als Kind bin ich stundenlang alleine am Meer spazierengegangen, und das war meine Seele. Dort fand ich ein Echo für mein Echo. Wenn ich heute den Wind höre, das Wasser anschaue, dann komme ich auf eine Ebene der Leere, von der aus sich vieles relativiert und ausbalanciert. Diese Balance ist wunderschön und hat die größtmöglichen Ausdrucksformen, die von innen kommen.

Die eigentliche Chance als Frau in dieser Gesellschaft zu leben, besteht darin, einen Beruf zu wählen, der einem die größtmögliche Freiheit bietet. Es ist bemerkenswert, daß ich diesen Standpunkt als Künstlerin und Frau erst gefunden habe, als meine Töchter geboren wurden, die mir auch sehr geholfen haben, diesem inneren Weg zu folgen. Mein Mann hat mich ebenfalls in meiner beruflichen Weiterentwicklung unterstützt. Auch er brauchte viele Freiräume, so daß sich das gut ergänzte. So habe ich die Kinder erzogen und meine künstlerische Laufbahn koordiniert, was am Anfang kolossal schwierig war und oft über die eigenen Kräfte hinausging. Später mußte ich dann lernen, meine Töchter, die ich sehr liebe, auch loslassen zu können. Es gab lange Trennungen, dann gab es wieder ein Zusammenkommen. Heute haben wir eine sehr freundschaftliche Beziehung und respektieren uns sehr. Obwohl ich viele Freiräume habe, lebe ich nicht alleine. Meine Töchter sind immer präsent, auch wenn sie nicht immer da sind.

Männer wirken nach außen stark, was in der Sicherheit ihrer gesellschaftlich verankerten Position begründet sein mag. Sie haben allerdings kaum mehr Gelegenheit, in Zwischenräumen zu stehen, für sich zu kämpfen oder Risiken einzugehen. Für mich gehört aber das Risiko zum Leben dazu. Ohne Risiko lernt man nicht, und vor allem die existentiellen Erfahrungen bleiben außen vor. Aber gerade dadurch bleibt man ja wach. Ich habe oft die Erfahrung gemacht, daß ich Männern zu stark war. Die Männer, mit denen ich jetzt zusammen arbeite und zusammen sein mag, lassen ihre weiblichen Anteile zu.

Frauen finde ich faszinierend, und sie haben mich auch mehr geprägt als Männer. Schon zu Hause in meiner Familie hatten die Frauen eine Übermacht, und meine ältere Schwester verhielt sich oft wie meine Mutter. Eine Beziehung zu einem Mann erlebte ich wie eine Choreografie und eine Liebe oder eine Verbindung zu einer Frau wie eine Improvisation: viel weiter, ungewohnter, spielerischer. Ich finde daher die Identifikation mit dem eigenen Geschlecht sehr schön, und die Bestätigung von Frauen erlebe ich als sehr bereichernd.

Ich mußte für Freundschaften reif werden. Das kam ziemlich spät und eben durch meine Arbeit. Wenn es einmal Menschen gibt, die außerhalb meiner Arbeit auftauchen, dann ist das oft sehr schwierig. Da stecke ich gerade noch im Lernprozeß und schaue, ob mir das dann gut tut oder nicht. Freunde und Freundinnen sind in meinem Leben oft Menschen, mit denen ich durch die Arbeit verbunden bin, und Arbeit ist für mich ja gleichzeitig Leben. Daraus ergibt sich eine wunderbare Qualität, mehr als nur Kollege oder Kollegin. Sexualität ist für mich ein zu technischer Begriff. Sie entsteht doch nur durch erotische Anziehung und Poesie. Das ist meine heutige Sicht. Man muß lange Erfahrung mit dem andern und dem eigenen Körper sammeln. Gott sei Dank gibt es die überwältigende Kraft der Liebe. Ich genieße es, große Liebesgeschichten zu erleben. Liebe ist für mich so

etwas wie Kunst, sie ist nicht konventionell einzubinden. Dadurch ginge die tiefste Qualität, so wie ich die Liebe erfahren habe, verloren. Liebe läßt sich nicht durch Gesetze und Konventionen festhalten, denn dann entzieht sie sich. Sie ist archaisch, ganz frei und passiert einfach. Man muß nur den Boden dafür bereiten und bereit sein, sich zu entwickeln.
Wenn ein Mensch, der mich liebt, aggressiv gegen mich ist, fühle ich mich in meiner Existenz bedroht und bin dem ausgeliefert. Diese aggressiven Kräfte haben noch eine ganz andere Qualität, sie haben viel mit Destruktion zu tun, und das ist die Aggressivität, die mir gefährlich werden kann. Um mich zu retten, muß ich selbst ganz aggressiv werden, das habe ich lernen müssen, denn in meiner Familie sollte immer alles harmonisch sein. An meinen Töchtern habe ich gesehen, daß sie sich besser behaupten können.
In meiner Kindheit gab es viele Rituale und Konventionen, was ja eine gewisse Zeit lang auch sehr schön ist. Als ich mit der Schule fertig war, mußte ich dem entrinnen, ich wollte alles anders machen als meine Eltern. Das war ein wichtiger Antrieb, sonst wäre ich mit zwanzig eingeschlafen. Besonders hat mich die Blindheit meines Vaters geprägt. Was anders war, wurde durch diese Blindheit erklärt. Im Grunde genommen ein gruseliges Muster. Obwohl mein Vater auch ein lebensfreudiger Mensch war, wurde alles in Dunkelheit zusammengeschlossen. Als Kind war es für mich sehr schwer, Realitäten klar zu

erkennen. Vielleicht ist dadurch auch das Gefühl in mir entstanden, daß die Dinge immer ganz anders sind und die Wahrheit auf anderen Ebenen liegt. Durch meinen Vater habe ich bewußter sehen gelernt, aber das habe ich erst später erkannt. Dieses besondere Wahrnehmen von Räumen, Farben, Licht und Klängen, dieses genaue Hinschauen. So lernte ich mit dem ganzen Körper sehen.
Obwohl ich erst Ende des Krieges geboren wurde, habe ich ein ganz starkes Gefühl dafür, was Krieg ist und auch, was Faschismus bedeutet. Krieg, Chaos und Fliegeralarm, das ist mir sehr vertraut. Als mein Vater im Krieg erblindete, wollte er sich eigentlich umbringen. Er hat nie viel davon erzählt. Wir hätten gerne

mehr gewußt, aber es wurde damals viel zu viel geschwiegen.

Das Älterwerden zeigt sich mir als eine Form der veränderten Wahrnehmung. Mit dem Älterwerden wächst die Qualität der Konzentration und die Ökonomie von Kräften. Ich kann viel tiefere Schichten ausloten und Körperinnenräume entdecken. Dieser Weg nach In-

nen bedeutet, sich auf Langsamkeit einzulassen. Langsamkeit – Wahrheit. Es braucht Zeit, den inneren Zusammenhang von Bewegung in Raum, Material und Klang wahrzunehmen. Der Körper ist ja von außerordentlicher innerer Schönheit, und es fasziniert mich, wie alles zusammenhängt. Es gibt eine Körperintelligenz.

Auch wenn ich steinalt bin, möchte ich tanzen, das ist ein großer Traum von mir. Ich möchte wissen, wie es geht, Alter zu tanzen. Das macht mich wirklich neugierig. Dazu braucht man die Langsamkeit und die Ruhe, die man als junger Mensch gar nicht hat. Dieses Abwarten, bis eine Bewegung sich wirklich entfaltet. Alter und Leben gehören zusammen, wie auch Sterben und Tod. Ich war ja schon einmal dicht am Tod und habe danach begonnen, das Leben zu lieben. Ganz tief geprägt hat mich die Erfahrung mit dem Tod nach der Geburt meiner zweiten Tochter. Eine Operation hat mir das Leben gerettet. Dieses Erlebnis hat meinen Blick auf das Leben verändert. Ich träume davon, im Tanz zu sterben, in dem Moment der größten Balance. Ich wünsche mir, daß ich dann heiter bin und die anderen auch.

INGEBORG WALTER
ERSTE KRIMINALHAUPTKOMMISSARIN A.D.,
JAHRGANG 1938

*Das Älterwerden betrachte ich
mit einer melancholischen Heiterkeit*

Mit einem Bombenangriff auf Danzig endete meine Kindheit 1945. Die Konfrontation mit sinnloser Zerstörung und Gewalt, der Anblick von Menschen in tiefster Angst und ohnmächtiger Verzweiflung, prägten meine Verhaltensweisen, meine Gefühle und meinen Berufsweg. Niemals hilflos zusehen – nicht schwach sein –, kämpfen für eine Sache und um die Vision von Würde. Der holprige Weg zwischen Sozialarbeit und der Verfolgung von Straftaten hat verletzlich gemacht, aber auch in hohem Maß sensibel für zwischenmenschliche Signale. Ich habe mir einen Schutzraum für Wärme, Zärtlichkeit, Liebe und Lachen erhalten können. Ohne diese Impulse wäre mein Leben undenkbar.

eute fühle ich mich sicherer, fröhlicher und unabhängiger als jemals in meinem Leben zuvor. Ich verspüre nicht mehr diesen großen Druck, besonders den beruflichen. Ich beginne, Dinge zu tun, die ich mir seit über fünfunddreißig Jahren schon vorgenommen habe. Ich habe mich bemüht, meinen Beruf mit Ehemann, Kind und Haushalt in Einklang zu bringen. Das bringt Defizite auf jeder Seite, die ich heute ein bißchen aufzuarbeiten versuche. Ich genieße es jetzt, einfach einmal Zeit zu haben, das habe ich früher immer vermißt.

Mein Beruf als Kriminalhauptkommissarin hat in meinem Leben zwangsläufig einen sehr hohen Stellenwert eingenommen. Er ist sehr zeitaufwendig und fordert den ganzen Menschen. Man kann nicht einfach abschalten, wenn man tagsüber mit dieser Form von Kriminalität konfrontiert wird. Einen Teil meines Lebenssinns habe ich daher aus meinem Beruf gezogen, und ich bin auch heute noch aktiv an einigen Projekten beteiligt. Zum Beispiel engagiere ich mich bei einer Opferhilfe, die Polizeibeamte ins Leben gerufen haben. Dort soll das aufgefangen werden, was im Bereich der Kriminalität zerschlagen wurde.

Zum Thema Frausein in dieser Generation fällt mir vor allem Wachsamkeit ein, und daß man bei der Durchsetzung von Ansprüchen hart bleiben muß. Gleichzeitig lege ich sehr großen Wert darauf, daß Frauen unserer Generation gerade im Umgang mit Männern ihre Eigenheiten und ihren Charme behalten und den auch ganz deutlich zum Ausdruck bringen. Mein Verhältnis zu Männern ist ein eher liebevolles und von Nachsicht geprägtes. Das hat vielleicht etwas damit zu tun, daß ich Frauen meistens als leistungsstärker und schneller erlebt habe, weil sie sich besonders behaupten müssen. Auf der anderen Seite hatte ich mit Frauen beruflich manchmal Komplikationen, und ich mußte oft sehr viel vorsichtiger und behutsamer sein, damit Gefühle nicht verletzt wurden.

In der Zusammenarbeit mit Männern habe ich viele positive Impulse bekommen. In meinem Beruf hatte ich ja auch mit Tätern zu tun, das geht einem dann schon sehr unter die Haut, wenn man mit Sexualtätern Gespräche führt. Aber das hat mein Verhältnis zu Männern nicht negativ beeinflußt. Für mich sind Männer beruflich und privat gleichberechtigte Partner.

Mein Freundeskreis ist groß und setzt sich aus Singles, Männern und Frauen, und Paaren zusammen. Das sind Freunde, die ich zum Teil schon über dreißig Jahre habe und mit

Ingeborg Walter

denen ich sehr eng verbunden bin. Verzichten möchte ich auf keinen. Eine sogenannte Busenfreundin habe ich allerdings nicht. Wenn ich einmal in eine ganz schwierige Situation geriete, würde ich mich wahrscheinlich zunächst an meine Tochter wenden. Vielleicht würde ich auch eine Freundin anrufen, aber das habe ich noch nie gemacht. Wenn ich Kummer habe, rufe ich sowieso bei niemandem an, ich bin es eher gewohnt, meine persönlichen Probleme erst einmal alleine zu sortieren und mir selbst darüber Gedanken zu machen.

Vor zehn Jahren haben mein Mann und ich uns getrennt, seitdem lebe ich alleine und habe ein wenig Bedenken, mich wieder mit jemandem zusammenzutun. Ich habe Angst davor, daß es noch einmal Schiffbruch geben könnte. Ich möchte mir das sehr gut überlegen. Erwarten würde ich mir von einer Partnerschaft vor allen Dingen Respekt, Toleranz und Fröhlichkeit – sonst könnte jeder auch alleine bleiben. Auch Sexualität und Erotik haben

dabei einen hohen Stellenwert, und ich erlebe sie heute intensiver und inniger als früher. Da war sie doch noch von Ängsten und Unsicherheiten besetzt. Heute ist alles selbstverständlicher und freier.

Ich habe noch nicht sehr viel Zeit gehabt, über eine Wunschlebensform nachzudenken. Wahrscheinlich wäre es eine, die ich auch in der Realität versuche zu verwirklichen. Ich würde gerne mit interessanten Menschen in einer Gemeinschaft leben, um mich auch mit ihnen austauschen zu können. Ein fester Partner könnte dann auch in diese Gemeinschaft integriert sein. Die Menschen in meiner Umgebung, also Familie und Freunde, sind das Wichtigste, und dafür bin ich auch bereit, Zeit und Gefühle miteinander zu teilen. All das ist für mich das einzige, was wirklich Bestand und Wert hat. Ich habe erlebt – nicht nur im Krieg –, daß alles andere sehr schnell zu Bruch gehen kann.

Im Laufe meines Lebens habe ich gelernt, Aggressionen verbal umzusetzen und mich auch zu zügeln, weil anderes beim Gegenüber meist keine Wirkung hat. Ich mache damit gute Erfahrungen, auch wenn ich weiß, daß Aggressivsein zum Menschen gehört. Manches ist situationsabhängig, aber ich bin der Meinung, daß es eigentlich bei einem lebenserfahrenen, erwachsenen Menschen unserer Generation nicht sein kann, daß Aggression mit Aggression beantwortet wird.

Es gab nur wenige Jahre in meiner Kindheit, in der ich ein heiles Elternhaus hatte. Später hatte ich immer den Wunsch, es selbst so machen zu können, wie ich es als Kind wenige Jahre erlebt habe. Ob eine Prägung bestimmter Gewohnheiten und Verhaltensweisen geblieben ist, weiß ich nicht. Ich war zwölf Jahre alt, als meine Mutter starb. Mein Vater hat dann später wieder geheiratet, aber das war keine Verbindung, die für mich prägend war.

Zu meiner Tochter habe ich ein inniges Verhältnis. Sie geht ihren eigenen Weg und wird dabei von mir unterstützt. Wir sind auch Freundinnen, aber ich werde die Mutter bleiben, die Ältere und die Erfahrenere, die sich zurückhält, da die Tochter den Rat der Mutter nicht unbedingt haben möchte, weil sie ihre eigenen Erfahrungen machen muß.

Mit dem Krieg verbinde ich ein ganz deutliches Bild. Ich stehe als kleines Mädchen am Strand – ich bin ja am Meer geboren –, Flieger kommen und werfen kleine Ovale ab, alles beginnt zu brennen. Krieg ist für mich mit wahnsinniger Angst verbunden. Angst, die ich auch als Kind schon so empfunden habe. Es ist eine Angst vor der Ohnmacht, vor den Bomben und Sirenen. Angst vor dem, was man nicht ändern kann. Angst um meine Mutter, die uns an der Hand führte, Angst um meinen Bruder, der schrie. All das ist für mich mit dem Wort Krieg verbunden. Und dann die Nachkriegszeit in den Trümmern als Spielplatz. Manchmal noch einen Arm oder ein Bein finden und als Kind einfach stumm weitergehen und nicht darüber sprechen. All diese Erinnerungsbilder sind in mir so lebendig als sei es gestern gewesen. Inwieweit mein heutiges Leben davon beeinflußt ist, ist schwer zu sagen. Es ist vielleicht eher so, daß all das einfach zu meinem Leben gehört. Es ist nicht mehr festzustellen, wie es hätte sein können, wenn der Krieg nicht gewesen wäre.

Ich bin vom Älterwerden meines Körpers schon etwas überrascht oder verwundert. Je nach Stimmung bin ich manchmal auch ein bißchen traurig. Vielleicht läßt sich mein Gefühl dazu als melancholische Heiterkeit beschreiben. Wenn das Älterwerden nicht von Krankheit geprägt ist, habe ich eigentlich keine großen Ängste, eher ein Schmunzeln. Außerdem habe ich oft erlebt, daß sich im Älterwerden ein liebenswertes Aussehen, so ein schöneres Inneres einstellt. Das ist etwas, was ganz junge Menschen so nicht haben.

Mein Alter habe ich noch nicht organisiert. Am liebsten würde ich natürlich selbständig leben können, falls das nicht möglich wäre, würde ich mich wohl einer Gemeinschaft anvertrauen. Am allerliebsten natürlich mit Freunden. Wir würden in einem Haus leben, eine Krankenschwester würde nach uns schauen, und wir würden vielleicht Essen in einem Hotel bestellen. Das wäre ein Ideal, aber ich zweifle daran, daß all meine Freunde gleichermaßen gemeinschaftsfähig sind und wir das wirklich so umsetzen können. Momentan lebe ich ja auch mit einer neunzigjährigen, aber sehr agilen und lebenslustigen Dame zusammen, der ich versprochen habe, bei ihr zu bleiben. Natürlich kommt mir da mal der Gedanke an den Tod. Aber ich habe mich während meines Lebens und im Beruf sowieso sehr viel mit dem Sterben auseinandersetzen müssen. Sowohl in der Familie als auch im Freundeskreis sind Menschen gestorben, die ich betreut habe. Darunter Menschen, die langsam und entsetzlich gestorben sind. Trotzdem habe ich vor meinem Tod keine Angst. Natürlich wünsche ich mir wie jeder andere auch, daß ich nicht krank werde.

ULLA WARNHOLTZ
SEKRETÄRIN, JAHRGANG 1943

Unkraut jäten in Schweden ...

Verantwortung zu übernehmen, das habe ich schon früh gelernt – als große Schwester von drei Geschwistern, zwei Schwestern und einem Bruder, die immer in meinem Schlepptau waren. Wir haben viel Spaß miteinander gehabt, auch sicher Kämpfe – und manches Mal waren sie mir auch eine Last. Jedoch hat mich dieses, sich um die »Kleinen kümmern«, ein Leben lang geprägt – ich hatte so rechte »Kümmerphasen« – im Freundeskreis, am Arbeitsplatz und auch weiterhin in der Familie. Dabei habe ich leider mein Durchsetzungsvermögen für meine eigenen Interessen nicht sehr oder erst sehr spät entwickelt. Zum Beispiel auf die Frage, ob ich studieren könnte, wurde mir von Vaters Seite bekundet, daß dies dem Bruder vorbehalten sei. Kampflos habe ich das damals zur Kenntnis genommen. Im Rückblick ärgert mich das schon, die eine oder andere vertane Chance, aber es hilft mir ja heute nicht weiter, darüber zu jammern. Für die Zukunft habe ich vor allem noch einige Pläne – für die Zeit nach dem aktiven Berufsleben.

All die Quälereien der früheren Jahre, das mangelnde Selbstwertgefühl, die Unsicherheit im Umgang mit den Mitmenschen, mit der Familie, und auch mit mir selbst, all das ist endgültig vorbei, so ist mein jetziges Lebensgefühl rundherum gut.

Als ich jung war, hatte ich ganz riesige Ziele. Das tolle Leben führen, inklusive Märchenprinz, große Reisen machen. Alles war noch geheimnisvoll, und dann kam langsam der Alltag, und der war etwas mühsam. Das Hauptziel war doch, viele Kinder zu bekommen, einen Freundeskreis aufzubauen, ein gesellschaftliches Leben zu führen, nebenbei wohl auch einen Beruf zu erlernen, auch als Frau. Dann, mit Anfang dreißig merkte ich, daß das, was ich so sehr wollte, nichts werden würde, daß mein Mann und ich keine Kinder haben würden. Da habe ich eine Zeitlang versucht, eine Art Karriere zu machen. Ich wurde aber immer abgebremst von meinem damaligen Mann. Ich hatte zwei Angebote, die mir richtig Spaß gemacht hätten, aber er wollte das nicht so gerne, denn ich hätte auch mal abends länger arbeiten müssen, doch er hatte ja einen Beruf, in den ich auch mit einbezogen wurde als Gastgeberin für seine Gäste. Ich habe mich gefügt. Es ist alles nicht so gelaufen, wie ich es eigentlich wollte. Jetzt habe ich endlich gelernt, auch mal an mich zu denken. Ich will mit meinem jetzigen Mann gut zusammenleben, aber auch ich selbst bleiben. Ich kann trotz allem lieb und nett sein.

Obwohl es nicht der Beruf ist, den ich eigentlich haben wollte, ist er für mich doch sehr wichtig. Ich habe immer das Glück gehabt, ein interessantes Arbeitsfeld zu bearbeiten und hatte immer nette Kollegen. Es bringt Spaß, aktiv, selbständig und von niemanden abhängig zu sein. Ich weiß, ich kann mich selbst ernähren, auch im Alter. Ich bin nicht mehr auf den Mann fixiert, wie ich das früher war. Als ich von meinem ersten Mann geschieden war, stand ich plötzlich alleine da, ich hatte gar nichts, keine Sicherheit und keine Ziele. Da bin ich dann aufgewacht und habe gedacht: Nein, jetzt will ich selbstverantwortlich leben. Also erst einmal zur finanziellen Sicherheit weiter als Sekretärin Geld verdienen. Als typische Sekretärin mußte man ja früher den Chef richtig umsorgen, das habe ich auch getan. In den frühen Jahren war das gar kein Problem. Und je älter ich wurde, desto mehr kam dann zum Glück die Computertechnik dazu, da wurde man mehr als nur diese umsorgende Sekretärin. Für später habe ich den Traum, irgendwo im Süden, möglichst auf einer griechischen Insel oder in Südfrankreich, eine kleine Frühstückspension zu führen, vielleicht auch nur für weibliche Gäste. So eine Kuschelpension.

Ursula Warnholtz

Frausein in dieser Generation ist für mich sehr beruhigend, weil wir schon einiges gelernt haben in unserem Leben. Wir haben gelernt, uns durchzusetzen und gleichzeitig Rücksicht zu nehmen und sind daran irgendwie gewachsen. Vor allen Dingen habe ich erfahren, daß ich als Frau häufig die Stärkere im Vergleich zu den Männern bin. Ich habe viel mehr Einfluß, auch im Umgang mit den Mitmenschen. Ich sehe mit anderen Augen in die Welt. Ich verstehe mich sehr gut mit Frauen, mit den Artgenossinnen. Es gibt da nur eine ganz gewisse Sorte, mit der ich meine Schwierigkeiten habe. Als Beispiel: Man sitzt in der Runde mit Frauen und unterhält sich ganz locker, interessant, und die Tür geht auf. Es kommt ein Mann herein, und auf einmal klimpern einige Artgenossinnen ganz neckisch mit den Wimpern und zupfen sich die Röcke. Nicht viele, aber es gibt welche. Das sind so die Sachen, die mir nicht so gut gefallen. Das ist dann so dieses Weibchenspiel.

Beruflich habe ich ja immer Männer um mich herum, da gibt es keine Schwierigkeiten. Man wird allerdings als Frau ganz anders beobachtet von den Männern. Eine Frau in der Vorstandsebene wird immer anders beobachtet. Es wird darauf geachtet, ob sie schöne Augen und schöne Beine oder ob sie einen dicken Bauch hat. Das steht bei Männern gar nicht zur Debatte. Da geht das nicht um groß und klein, dick und dünn.

Es gab einen Einschnitt in meinem Freundeskreis, als ich mich damals von meinem ersten Mann trennte. Es kamen ganz merkwürdige Reaktionen, weil ich mich als Frau getrennt hatte. Freundinnen, von denen ich dachte, sie würden mir helfen, hatten auf einmal Angst, daß sie jetzt ihre Männer einsperren müßten, und ich war enttäuscht und traurig darüber. Ich habe gedacht, die müßten mich doch kennen, ich würde nie im Freundeskreis losgehen und wildern. Aber mein Exmann wurde gerne eingeladen, ein Mann mehr am Tisch, das schmückt ja. Na ja, insofern ist der Kreis der Freunde doch etwas kleiner geworden, aber intensiver.

In meiner jetzigen Ehe versuche ich, und ich glaube wir kriegen das auch hin, eine wirkliche Partnerschaft zu haben. Daß also der Mann nicht der Herr im Hause ist, und daß wir gleichberechtigt sind. Jeder trägt mit dazu bei und ist mitverantwortlich für die Gemeinschaft. Mein Mann ist Künstler, von daher ist er sensibler, verständnisvoller, was nicht heißt, daß wir nicht auch manchmal härtere Auseinandersetzungen haben. Ja, ich kann mir vorstellen, mit ihm alt zu werden, aber ich fixiere mich nicht mehr so auf den Partner. Ich versuche, meinen Freiraum zu behalten. Ich habe meine Selbständigkeit und kann für mich alleine sorgen. Finanziell und auch von der Psyche her. Das Schöne ist, daß wir über alles miteinander reden können. Er hat eben auch aus der früheren Ehe gelernt. So wie ich, da lag auch zum großen Teil die Schuld bei mir, daß ich einfach nicht rigoros gesagt habe, ich möchte oder will das aber so.

In meiner Sexualität hat sich ja doch einiges geändert. Meine Erziehung ist ja noch so, daß man darüber nicht spricht. Man sagt zwar, daß man irgendwie jemanden anhimmelt oder toll findet, aber dieses ganz praktische Sexuelle, das wurde bei uns immer verschwiegen. Also war ich ziemlich gehemmt. Nun hatte ich allerdings auch nicht den Partner, der mich da hätte unbedingt einführen können, der war nämlich genauso verklemmt. Auch das ist jetzt in der Partnerschaft

ganz anders. Wir reden darüber. Auch daß man eben mal sagt, nein, ich will das alles nicht, ich habe heute keine Lust. Jetzt kommt natürlich auch noch dazu, daß wir heute viel entspannter sein können. Früher wurde die Angst vor der Sexualität verstärkt durch den erhobenen Finger, verbunden mit der Warnung: Komm mir nicht mit einem dicken Bauch nach Hause.

Meine Eltern waren liebe und gute Menschen. Was mich heute stört, war ihre Art, etwas zu machen, ohne nachzufragen, ob man das vielleicht anders machen könnte. Wir haben ja auch gespurt. Ich habe bis achtzehn noch angezogen, was sie bestimmten, bis neunzehn oder zwanzig, was meine Mutter erlaubte. Über gewisse Dinge wurde nicht geredet und eben auch nicht über Themen wie Sexualität, oder wie man im Leben allein zurechtkommt. Wie gehe ich mit dem Leben um, wie gehe ich mit meinem Partner um? Da hat sie uns sehr wenig mitgegeben. Richtig schön war, daß meine Eltern, als wir Kinder waren, ab und zu mit uns gebastelt oder uns vorgelesen haben. Wir haben alle um den Tisch gesessen und einer hat vorgelesen. Also richtiges Familienleben. Das ist mir heute noch sehr wichtig.

Aggressionen haben bei mir mit sehr viel Rücksichtslosigkeit zu tun. Ein kleines Beispiel: In einem Kaufhaus halte ich die Tür auf, und an einem spazieren fünf Männer vorbei und bedanken sich nicht mal. Da kann ich wirklich innerlich aggressiv werden und denke: Nächstes Mal haust Du denen die Tür vor die Nase. Macht man dann ja doch nicht. Allerdings so im Kollegenkreis, da sage ich schon, wenn mir etwas nicht paßt, dann zeige ich ihnen die Grenzen und sage: Schluß, ich will das nicht.

Den Krieg selber habe ich nicht mitbekommen, nur aus Erzählungen. An die Nachkriegszeit, da habe ich schon Erinnerungen. Ich weiß, daß es doch sehr knapp war mit dem Essen, und daß die Eltern wirklich sehr viel Mühe hatten, uns satt zu bekommen. Ich denke schon, daß mich das geprägt hat. Ich habe immer noch das Gefühl, wenn ich etwas auf meinem Teller liegenlasse, daß ich es aufessen müßte.

Das Leben im Alter habe ich noch nicht organisiert. Für meinen Mann ist es ganz klar, er ist dann in Schweden. Vielleicht kommt er auch zwischendurch nach Wedel. Aber da will er bleiben, in seinem Haus. Ich würde auch gerne solange wie möglich in meinen eigenen vier Wänden bleiben.

Früher habe ich das Thema Sterben und Tod möglichst verdrängt. Ich hatte Angst, und es war mir unheimlich, über Friedhöfe zu gehen, und ich mochte nicht daran denken, daß ich auch mal daliege, und die Maden in mir rumkrabbeln. Je älter ich jetzt werde, desto mehr merke ich: Ich habe keine Angst mehr. Es hilft auch, im Freundeskreis über die zu sprechen, die man verloren hat ... Wichtig ist mir heutzutage, daß wir unsere Familie haben, daß wir gesund bleiben, uns wohl fühlen, und, wenn wir Glück haben, keine großen Gebrechen bekommen. Vor allem aber, daß ich die Freude an den kleinen Dingen im Leben behalten kann. Ganz kleine Sachen, wie Unkraut jäten in Schweden ...

UTE KAREN SEGGELKE
FOTOGRAFIN, JAHRGANG 1940

*Diese unglaubliche Mischung aus
kreativer Unruhe und ruhiger Erfahrung*

S tatt eines Nachwortes stelle ich mich denselben Fragen – sie sind hier als Stichwörter wiedergegeben –, die ich während der Interviews gestellt habe, aus denen die Texte dieses Buches entstanden sind. Den Interviews jeweils vorausgegangen war übrigens die Bitte an die Partnerinnen, handschriftlich festzuhalten, was sie im Leben geprägt hat.

Lebensgefühl heute – Staunend und voller Verwunderung stelle ich fest, daß mein Lebensbogen sich langsam nach unten neigt. Ich bin bald sechzig Jahre alt. Diese sachliche Feststellung läßt mich die Einschätzung eines solchen Alters, die ich hatte, als ich, sagen wir dreißig war, mit meinem tatsächlichen Gefühl vergleichen: Nichts konnte ich früher ahnen von meinem heutigen inneren Jungsein! Von meiner Neugier und von dieser unglaublichen Mischung aus kreativer Unruhe und ruhiger Erfahrung – der beruhigenden Erfahrung, daß meinem eigentlichen Sein nichts geschehen kann. So gesellt sich zu der mir eigenen Tiefgründigkeit in letzter Zeit Leichtigkeit.

Lebenssinn und Lebensaufgabe – Dieses ewige Werden und Vergehen läßt mich nur den einen Sinn sehen: im Hier und Jetzt leben, mit dem Ordnungsprinzip Liebe. Ich kann Gewalt, Zerstörung und Unterdrückung nicht verhindern, aber ich kann in meiner Umgebung nach diesem Ordnungsprinzip mit Respekt und Achtung meinen Mitmenschen gegenüber leben. Ich glaube auch, daß ich die Fähigkeiten, die mir gegeben sind, erkennen, nutzen und erweitern muß.

Beruf – Mein Beruf begleitet mich seit beinahe vierzig Jahren. Er hat mich sehen gelehrt, er hat mir Begegnungen mit Menschen geschenkt, durch ihn habe ich gelernt, Hemmschwellen im Miteinander zu überwinden, die Privatsphäre zu achten. Meine Arbeit in all ihren Facetten ist mein Leben, es gibt keine Trennung zwischen privatem und beruflichem Leben.

Wunschlebensform – Ich hätte gerne einen Platz in südlicher Sonne mit Lebensart, einen Platz, zu dem ich jederzeit fahren kann, zum Michzurückziehen, zum Arbeiten – und doch immer wieder zurückkommen nach Hamburg in eine Wohnung an der Elbe.

Frausein in dieser Generation – Wir sind die weiße Generation. Wir haben den unfaßbaren Wahnsinn des Krieges noch direkt oder in seinen späteren Auswirkungen am eigenen Leibe erfahren. Wir haben erlebt, wie unsere Mütter das Leben ohne die Väter meisterten und dann, als die Väter wieder da waren, zurück in die zweite Reihe traten. Wir wurden auch für die zweite Reihe erzogen, und viele von uns haben sich versucht in

Anpassung und Selbstverleugnung. Aber wir hatten ja noch die Stärke der Frauen erlebt, und so kamen wir unweigerlich in Konflikt mit der Gesellschaft, uns selbst und unseren fordernden selbstbezogenen Männern. Wir kämpften und forderten auch. Wir sind dadurch die Frauengeneration mit den Einsamkeiten, aber auch die mit der Kraft. In unserer Kindheit haben wir gehungert und wuchsen gleichzeitig mit dem Wohlstand auf. Wir hatten beruflich offene Möglichkeiten. Doch sind wir auch die Generation, die im Chaos und dann in der Stunde Null geboren wurde, die die Schuld unserer Eltern bewußt oder unbewußt mitträgt und die auf die Fragen zur Nazizeit keine Antworten bekam. So sind wir kraftvolle Frauen geworden.

Männlicher Mensch und weiblicher Mensch – Das sind zwei Prinzipien, die sich nicht decken, die sich abstoßen, anziehen, reiben. Es gibt Zeiten, in denen ich das Gefühl habe, daß Mann und Frau von verschiedenen Planeten kommen. Ich bin immer wieder überrascht, daß das männliche Prinzip in unserer Gesellschaft das Dominierende ist, obwohl das weibliche ganzheitlicher und lebensbejahender ist. Das Ideal wäre, wenn beides in der Balance wäre.

Freunde – Ich fühle mich eingebunden in ein Netzwerk von Freundinnen, habe aber nicht die Busenfreundin. Irgendwie war ich immer eine Einzelgängerin, und so versuche ich, Probleme für mich alleine zu lösen. Das kann ich am besten ganz alleine schreibend am Meer.

Partnerschaft – Ich habe nun endlich gelernt, daß kein Partner meine hohen Ansprüche erfüllen kann. Von meinem ersten Mann, mit dem zusammen ich die Familie mit den drei Kindern aufgebaut habe und zwanzig Jahre verheiratet war, hatte ich noch so selbstverständlich angenommen, daß er dieselben Vorstellungen von Partnerschaft hätte wie ich, so daß ich am Ende die bittere Erfahrung machen mußte, daß alles ganz anders war. Für mich waren und sind Wahrhaftigkeit, Achtung und Vertrauen auf der Basis von Zuneigung die wichtigsten Voraussetzungen für eine Partnerschaft. Aber ich habe gelernt, daß der Andere seine eigenen Prägungen und Lebensgesetze hat, und Ansprüche an Vertrauen und Offenheit nicht immer erfüllt werden können. Das hat mich mit den Jahren weniger fordernd gemacht und meinem jetzigen Partner gegenüber wohl auch geduldiger. Ich lebe seit fünf Jahren mit meinem zwölf Jahre jüngeren Mann zusammen. Unsere Liebe besteht seit zwanzig komplizierten Jahren. Mein eigenes selbständiges Leben war immer so lebendig und reich, daß die Beziehung zu ihm nie lebensdominierend war. Schwierig wurde es erst, als wir zusammenzogen. Unser Zusammenleben funktioniert zwar mittlerweile ganz gut, aber ich denke, daß es eigentlich am besten wäre, wenn jeder seine eigene Wohnung hätte. Ich genieße die tragfähige Basis unserer Zuneigung und bin auch bereit, dafür Intensität und Zeit aufzubringen, und doch sehne ich mich danach, wieder selbstbestimmt zu leben. Eine gute Möglichkeit dafür wäre, in einem größeren Haus mit unterschiedlichen Generationen zu leben. So wie ich die Kleinfamilien meiner Kinder als besonders belastend für die Frauen erlebe, kann ich mich nicht in unserer Zweisamkeit allein altwerden sehen.

Erotik und Sexualität – Erotik ist die Seelennahrung meines Lebens. Sie hält mich in Spannung und läßt die Sinne vibrieren. Ich erlebe Erotik in allem: im Duft einer Blume, in der Linie einer Form, dem Fühlen von Samt, dem Klang einer Stimme. Meine Sexualität war und ist etwas Wunderbares, Ewiges. Sie hat sich nicht verändert im Älterwerden.

Älterwerden des Körpers – Das äußere Älterwerden verschafft mir doch einige Überraschungen und, wenn ich ehrlich bin, nicht freudige. Auch wenn ich so gerne meine runderen Formen, mein schlappes Doppelkinn ganz gelassen hinnehmen möchte, es gibt Zeiten der Unruhe, eindeutig. Vielleicht sind wir noch zu sehr im Übergang, im »Zwischenalter«, und es bedarf der Gewöhnung, daß die bewundernden Blicke seltener werden. Ich wünsche mir, es zu schaffen, daß innere Schönheit wächst und nach außen strahlt.

Prägung durch das Elternhaus – Vaterlos, als jüngste mit zwei Brüdern bin ich aufgewachsen. Meine Mutter war Mann und Frau. Obwohl sie als junge Frau kräftig und eigenständig gewesen war, fühlte sie sich, so lange ich denken kann, als Kriegerwitwe mit drei Kindern als Opfer. Sie hat nie verwunden, daß sie nicht zurück in die zweite Reihe treten konnte. Das war mir immer klar, und dieses Opfergefühl wollte ich nie bei mir zulassen. Als um uns herum das Wirtschaftswunder aufblühte, wir aber arm blieben, wuchsen dafür mein Stolz und meine Eigenständigkeit.

Kinder – Als ich die Verantwortung für meine Kinder abgeben und mich voll meinem Beruf widmen konnte, war ich sehr erleichtert. Aber ich bin mit ihnen liebevoll verbunden. Wir sehen und hören uns nicht andauernd, aber sie sind mir die wichtigsten Menschen. Wir haben nach der Trennung vom Vater zu viert sehr intensiv miteinander gelebt, und sie sind mir immer noch sehr nah. Obwohl ich wenig Zeit für meine Enkelkinder habe, genieße ich es sehr, sie aufwachsen zu sehen. Es bedeutet so etwas wie die Kontinuität von Leben. Ein elementares Erlebnis war die Geburt meiner ersten Enkeltochter, bei der meine Tochter mich dabei haben wollte. Wir drei Frauengenerationen – das hatte etwas Archaisches.

Aggression – Ich bin zwar viel ruhiger geworden, aber es gibt immer noch Situationen, in denen ich ausrasten kann. Wenn allerdings jemand offen aggressiv gegen mich ist, kann ich innerlich zur Seite treten, weil ich spüre, daß die Ursachen selten bei mir, meistens beim Aggressor liegen.

Krieg – Krieg ganz allgemein verbindet sich mit absolut männlicher Macht- und Gewaltausübung. Ich begreife nicht, daß wir Frauen, die wir Leben geben und schützen, keinen größeren Einfluß in der Welt haben. Der Krieg unserer Zeit, der Zweite Weltkrieg, hat mich nachhaltig geprägt, allein dadurch, daß mein Vater zwei Monate nach meiner Geburt gefallen ist. Ganz unbegreiflich waren mir schon als Kind die verherrlichenden Erzählungen von Kriegserlebnissen unserer Vätergeneration. In der Nachkriegszeit war nicht Hungern das Schlimmste, wir hatten einen großen Garten am Rand von Hamburg voller Gemüse, Hühner und Kaninchen, sondern das Frieren. Die kalten Winter ohne Heizmaterial und ausreichende Kleidung waren grausam. Noch heute hasse ich Kälte.

Gott – Ich bin eingebunden in ein übergeordnetes Gesamtsystem. Ich spüre, daß Dinge geschehen, die wir mit unserem Verstand nicht erfassen können, sondern nur mit unserem gesamten Wesen. Ich fühle mich geborgen, ja sogar begünstigt, und bin dankbar dafür und voller Demut.

Organisation des Alters – Mein Plan, mit verschiedenen Generationen, am liebsten auch mit Freunden, unter einem Dach zu leben und gemeinsam das Alter zu organisieren, steht fest. Das ist für die Alten, die Kinder, für alle die reichste Form zu leben.

Sterben und Tod – Sterben und Tod sind Bestandteile meines Lebens. Ich wünsche mir, daß ich mein irdisches Leben würdevoll abschließen und mich von meinen Lieben ruhig und heiter verabschieden kann.

DAGMAR BERGHOFF

Geboren in Berlin, aufgewachsen in Hamburg. Nach der
Schule je ein Jahr England und Frankreich. Von 1964 bis
1967 Studium an der Staatlichen Hochschule für Musik
und Darstellende Kunst, Hamburg. Anschließend Fern-
sehansagerin und Funksprecherin sowie Mitarbeit bei
diversen Fernsehspielen. Seit 1976 Tagesschaussprecher-
in und Rundfunkmoderatorin, seit 1995 Chefsprecherin
der Tagesschau. Moderation von Musiksendungen und
Hörfunkkonzerten sowie Synchronisationsarbeiten. Sie
lebt mit ihrem Mann in Hamburg.

SENTA BERGER

Geboren 1941 in Wien. Nach einer Tanzausbildung 1957
Wechsel an das Max-Reinhardt-Seminar, Schauspielstu-
dium. Ein Jahr später erstes Bühnenengagement. Nach
kleineren Rollen in österreichischen und deutschen Filmen von 1963 an Hauptrollen in großen amerikanischen
Produktionen, mit Partnern wie Charlton Heston, Kirk
Douglas und Yul Brunner. In den 70er Jahren folgen vor
allem italienische Filme, in denen sie u.a. an der Seite von
Marcello Mastroianni spielt. Gleichzeitig engagiert sie
sich in der Zusammenarbeit mit den Regisseuren Volker
Schlöndorf, Wim Wenders und Michael Verhoeven für
den neuen deutschen Film. 1966 heiratet sie Verhoeven
und gründet mit ihm eine Filmproduktionsgesellschaft.
Es entstehen zahlreiche Kino- und Fernsehfilme, die viel-
fach ausgezeichnet werden. Seit 1979 wieder Theater-
arbeit, in Wien, Salzburg, Hamburg und Berlin. In den
letzten Jahren zunehmend auch Rezitationsabende. Sie
lebt mit ihrer Familie in der Nähe von München.

GRÄFIN SONJA BERNADOTTE

Geboren 1944 in Litzelstetten, Konstanz. Heirat mit
Lennart Graf Bernadotte af Wisborg 1972, fünf Kinder.
Seit 1982 Präsidentin der Deutschen Gartenbau-Gesell-
schaft 1822 e.V., seit 1987 Präsidentin des Kuratoriums
für die Tagungen der Nobelpreisträger in Lindau. 1988
Gründungsmitglied der Aktion zur Rettung des Kultur-
erbes e.V. und der Kinderhilfsorganisation »Plan Inter-
national Deutschland«. In den Jahren 1992 bis 1997
Verleihung vieler Auszeichnungen, darunter das Bun-
desverdienstkreuz erster Klasse.

SABINE BÜTTNER

Geboren 1943 in Wippra. Nach der Schule dreijährige
Ausbildung zur Krankenschwester in Quedlinburg. Nach
vielen Zwischenstationen seit 1995 in St. Peter Ording als
Krankenschwester tätig.

BERTI VON DER DAMERAU

Geboren 1943 in Wels/Österreich. Von 1963 bis 1967 Studium für Design und Gestaltung in Hamburg. Anschließend Arbeit in verschiedenen Agenturen, seit 1977 als
freie Graphik-Designerin in Stade tätig.

KARIN DARGER

Geboren 1940 in Berlin-Lichterfelde. Berufsausbildung
in der künstlerischen Lehrwerkstatt für Gebrauchswer-
ber in Berlin. Anschließend Tätigkeit in der Werbung.
Von 1964 bis 1973 Arbeit als Fotomodell, gleichzeitig
Abendkurse. Graphik-Design-Studium an der Fach-
schule für Werbung und Gestaltung bis 1976. Danach
Diplom-Designerin im Modeinstitut der DDR. Nach Auf-
lösung des Instituts 1990 freiberufliche Tätigkeit als Graphik-Designerin. 1991 Gestalterin und Layouterin in
einem Verlag. Seit 1992 Filialleiterin für ein Modeunter-
nehmen in Berlin.

GERDA DASSING

Geboren 1941 in Fablonec. Ausbildung zur Schrift- und
Plakatmalerin, anschließend Gebrauchsgraphikstudium
in Leipzig bis 1976. Als freiberufliche Graphikerin bis
1997 tätig. Während dessen Ausbildung zur Astrologin
und zur Kunsttherapeutin sowie Therapieausbildung in
München. 1996 Heilpraktikerprüfung in Berlin, seit 1997
eigene Naturheil-Praxis in Rostock.

MARILA DENECKE

Geboren 1937 in Hamburg und dort aufgewachsen. Von
1955 bis 1957 Ausbildung zur Erzieherin, anschließend
bis 1962 Arbeit in Hort und Kindergarten, unterbrochen
von Englandaufenthalt 1958–1959. 1960 Heirat, drei Kinder. Von 1970 bis 1975 Arbeit als Vertretung in Kindergärten und Mitarbeit in einer pädagogisch-psychologi-
schen Praxis.

EVA MARIA HAGEN

Geboren 1934 in Költschen (Hinterpommern). 1945
Umsiedlung nach Mecklenburg, dort Maschinenschlos-

serlehre. 1952 Beginn des Schauspielstudiums in Ost-
berlin, 1953 beim Berliner Ensemble tätig. Heirat mit
Hans Oliva-Hagen 1954 und Geburt der Tochter Nina
1955. Seit 1957 Schauspielerin in Filmen, Fernseh- und
Theaterstücken. 1965 Begegnung mit Wolf Biermann, im
gleichen Jahr Prozeß wegen Staatsverleumdung, danach
staatliche Repressalien. Von 1966 bis 1976 in verschiedenen Theatern gastiert. Entlassung aus der Staatsbürger-
schaft der DDR und Umzug in die BRD 1977, dort Schauspielerin bei Theater, Fernsehen und Film. Als Sängerin
in der Zeit von 1979 bis 1985 mehrere LPs mit Liedern
von Wolf Biermann veröffentlicht. Weitere Bühnenauf-
tritte, seit 1996 weitere CDs. 1999 Verleihung der Carl-
Zuckmayer-Medaille und Ausstellung eigener Gemälde.
Eva-Maria Hagen lebt in Hamburg, Berlin und der
Uckermark.

ANNE HAUSNER

Geboren 1943 in Hamburg. Von 1963 bis 1966 Studium an
der Hochschule für Bildende Künste in der Klasse Rudolf
Hausner. Nach der Eheschließung mit Rudolf Hausner
1970 Umzug nach Wien. Dort lebt sie seit 1983 als freie
Malerin.

RENATA JÄCKLE

Geboren 1935 in Landsberg an der Warthe. Beginn des
Studiums an der Kunstakademie Braunschweig 1953.
Von 1956 bis 1966 als Graphikerin und Layouterin in
verschiedenen Hamburger Redaktionen tätig. Anschließend Arbeit als freie Künstlerin in Stuttgart und Spanien, seit 1992 in Hamburg und Spanien. Diverse Aus-
stellungen.

DOMENICA NIEHOFF

Geboren 1945 in Köln. Zehn Jahre im Waisenhaus von
Nonnen aufgezogen. Ab 1972 als Prostituierte tätig.
Arbeitete von 1987 bis 1997 als Streetworkerin in Ham-
burg, in der Zeit betreute sie hauptsächlich Drogenab-
hängige und Prostituierte. Seit 1998 hat sie eine eigene
Gaststätte am Fischmarkt in Sankt Pauli.

ERIKA PLUHAR

Geboren 1939 in Wien. Schauspielausbildung am Max-
Reinhardt-Seminar. Sofort nach Abschluß der Ausbildung Engagement am Burgtheater Wien. Veröffentli-

chung mehrerer Bücher. Sie textet und interpretiert Lieder und Chansons. Lebt in Wien.

ANGELA W. RÖDERS

Geboren 1944 in Soltau/Lüneburger Heide. Von 1965 bis
1966 Studium der Psychologie, anschließend Studium
der Theaterwissenschaften. In Wien am Max-Reinhardt-
Seminar von 1967 bis 1971. Danach feste Engagements,
seit 1974 als freie Schauspielerin in München. Nach
Geburt der Tochter 1976 Kinderpause. Ab 1980 freiberufliche Tätigkeit in Hamburg, seit 1990 auch Arbeit als
Schauspiellehrerin.

MARIA THEOPHILA RUDOLPH

Geboren 1934 in Gerblingerode. Klostereintritt 1955 in die
Kongregation der Barmherzigen Schwestern vom Heiligen
Vinzenz von Paul. Erste Profeß (Gelübdeablegung) 1957,
Ewige Profeß 1963. Ausbildung und Tätigkeit als Krankenschwester, danach Weiterbildung zur Krankenpflege-
lehrerin. Von 1967 bis 1994 als Lehrerin und Schulleiterin
tätig. Arbeit als Krankenhausseelsorgerin von 1994 bis
1996, seit 1997 Oberin an einem Göttinger Krankenhaus.

HEIDRUN SCHABERG-BEREZNICKI

Geboren 1944 in Rostock, Kindheit in Westerland/Sylt.
Nach der Schule Lehre und Berufstätigkeit im steuerbe-
raterischen Beruf. Von 1965 bis 1966 Auslandsversuche
in England und Frankreich, danach Teestube auf Sylt.
Arbeit als Steuerfachgehilfin von 1967 bis 1976, 1969
Heirat. Examen zur Steuerberaterin 1976, seitdem selb-
ständig in Hamburg. Geburt der Söhne 1976 und 1978.
Trennung der Ehe 1995, seit 1996 Zusammenleben mit
Gisela.

KÄTHE SCHMIDT

Geboren 1936 in Sittensen. Nach der Schule drei Jahre
haus- und landwirtschaftliche Ausbildung auf einem
Lehrhof. 1960 Heirat und Übernahme der Haus- und
Landwirtschaft. Fünf Kinder. Vorarbeiterin in der Eisfabrik »Eisbäreis« und lebt in Wohnste.

RENATE SCHMIDT

Geboren 1943 in Hanau, aufgewachsen in Coburg. Mit
siebzehn Jahren erstes Kind. Ausbildung zur Program-
miererin und Arbeit beim Quelle-Großversand. 1972
Wahl zur Betriebsrätin und Eintritt in die SPD. Seit 1980

Mitglied des Deutschen Bundestags. Mutter von drei Kindern, Ehemann 1984 verstorben. Von 1987 bis 1990 stellvertretende Vorsitzende der SPD-Bundesfraktion, seit 1991 Landesvorsitzende der bayrischen SPD. Zweite Heirat im Mai 1998, inzwischen zwei Enkel. Zusammen mit ihrem Mann lebt sie in Nürnberg-Zerzabelshof.

MAREN SELL

Geboren 1945 in Flensburg. Studium der Romanistik und Germanistik und anschließende Promotion, starkes Engagement in der Studentenbewegung. Ging 1968 nach Paris, dort Mitbegründerin und Redakteurin der linksliberalen Tageszeitung »Libération«. Seit 1978 mehrere Romane und 1986 Gründung eines Verlags. Sie lebt in Paris. 1995 wurde sie auf Vorschlag Frankreichs mit dem internationalen Preis »Frauen für Europa« als der »Prototyp einer europäischen Verlegerin« ausgezeichnet.

CORNELIE SONNTAG-WOLGAST

Geboren 1942 in Nürnberg. Von 1962 bis 1969 Studium in Hamburg und Erlangen. Seit 1969 als Journalistin tätig. Seit 1988 Mitglied des Deutschen Bundestages für die SPD. Sie lebt in Hamburg und Bonn.

GISELA TEMPLIN

Geboren 1940 in Marienwerder (Westpreußen). Ausbildung zur Säuglingsschwester und Berufstätigkeit bis 1970. Anschließend Elevin am Theater, 1976 Theatergründung und bis 1990 Intendantin des Puppenspieltheaters Neubrandenburg. Von 1979 bis 1984 Studium der Kulturwissenschaften. Ab 1990 Direktorin des Museums auf der Burg Falkenstein (Harz) bis 1995. Seit 1997 als Kulturmanagerin am Theater im Palais in Berlin tätig.

MARGARETHE VON TROTTA

Geboren 1942 in Berlin. Studium der Deutschen Literatur und Romanischen Sprache. Erste Bühnenrolle 1964, seit 1969 Zusammenarbeit mit führenden deutschen Regisseuren, erst als Schauspielerin, dann als Drehbuchautorin. Mit Volker Schlöndorff verheiratet, ein Sohn. 1975 erster Film als Co-Regisseurin, 1977 erster eigener Film. In Venedig 1981 mit dem Goldenen Löwen ausgezeichnet, mit weiteren Filmen bei internationalen Filmfestspielen erfolgreich. Sie lebt heute, nach Zwischenstation in Rom, in Paris.

LENA VANDREY

Geboren 1941 in Berlin. 1958 Umzug nach Paris, um eine kulturpolitische Prägung zu suchen und die erste ihrer Exilsprachen zu schaffen. 1966 Wechsel in ein neues Exil, einen Hof in der Provence, den sie zu einer Bastide – Festung ausarbeitet, dort Frauenkunstsammlung. Die Kunst des Eingeschlossenseins. Skulpturen, Objekte, Reliefs, Bilder, Platzeinnahme, Platzgestaltung: von ihrem Ort ausgehend, in dem sie immer wieder umzieht, entstehen die Amazonen-Zyklen, die Pharaonischen Spielzeuge, die Cartoon-Skulpturen und Dokumente über die Sprache der Zeit. Lyrische Prosa, Essays und Novellen begleiten jeden Zyklus. Das Hauptthema heißt immer – nie: Grenzgängerinnen, Engel und Amazonen. Lena Vandrey sieht sich als Metaphoristin: jedes Medium, von der Briefmarke bis zum Fresko, ist ihr Zuhause und ihre Situation.

URSULA WAGNER

Geboren 1945 in Hamburg, aufgewachsen an der Ostsee. Erste Tänze mit Objekten am Meer. Längere Aufenthalte im Ausland. Von 1973 bis 1983 Studien des Experimentellen Tanzes bei Manja Chmièl in Hannover: Ausbildung in Improvisationstechnik und tänzerische Arbeit mit Materialien und Objekten im Raum und am Ort. Lebt und arbeitet in Hannover.

INGEBORG WALTER

Geboren 1938 in Danzig. Nach der Schule Ausbildung zur Sozialarbeiterin, Abschluß mit Staatsexamen 1961. Zwei Jahre später Eintritt in den Polizeidienst als Kriminalbeamtin. 1965 Heirat und 1967 Geburt einer Tochter. 1998 Pensionierung als erste Kriminalhauptkommissarin. Sie lebt in Darmstadt.

ULLA WARNHOLTZ

Geboren 1943 in Hamburg. Ausbildung an einer Fremdsprachenschule, seit 1964 Arbeit als Sekretärin u. a. für das Japanische Generalkonsulat. Während dessen vier Jahre zwischen den beiden Wohnsitzen in Hamburg und Frankfurt/M. gependelt. Weitere Tätigkeit für Tabakkonzern und Chefredaktion eines Zeitschriftenverlags. Die erste Ehe wurde 1981 geschieden, zweite Heirat 1987. Sie lebt in Hamburg.